JN113453

新生活様式対応
就業規則等
整備・運用のポイント

編集　東京弁護士会 法友会

新日本法規

は　し　が　き

① 　企画の趣旨

　　新型コロナウイルスの影響が長期化していることに伴い、新しい生活様式に基づいた働き方に対する社会的なニーズは非常に高まっており、企業としては無視できない状況に置かれています。また、テレワークのような情報通信技術を利用した働き方は、従業員の作業効率が向上する、通勤手当やオフィスの賃料といったコストの削減に繋がるといった様々なメリットが指摘されており、新型コロナウイルスが終息した後も一定程度度定着するものと思われます。

　　このように新しい生活様式に基づいた働き方は、急速に重要性が高まっておりますが、例えばテレワークの導入は、企業にとってメリットがある反面、労働条件通知書の見直しや就業規則などの社内規程の整備といった手間のかかる作業が必要となります。企業が社内規程などを整備するに当たっては、テレワーク特有の法的な留意点があり、これを知っておかないと適切にテレワークを導入することはできません。また、既にテレワークを導入している企業であっても、その運用に当たっては注意しなければならない留意点も多々あるものと思われます。

　　そこで、本書は新しい生活様式に基づいた働き方を導入するに当たって必要となる社内規程の整備やその運用について、押さえておくべき知識や法的な留意点を解説するとともに、各規程について具体的な規定例を示すことで、関係者の皆様が円滑に導入、運用するための足掛かりとなることを目的としています。

　　なお、法友会は、令和2年12月に『新生活様式対応　人事労務管理のポイント』という新しい生活様式に基づいた働き方における「人事労

務管理」をテーマにした書籍を刊行しましたが、本書は「社内規程の整備」をテーマにした姉妹本になります。人事労務管理における法的な留意点については、『新生活様式対応　人事労務管理のポイント』も併せてご参照ください。

② 本書の構成

　社内規程の中で基本となる就業規則について、第1章で基礎的な事項に関する解説を加えた上で、第2章で新しい生活様式に基づいた働き方において様々な事項を導入する際に問題となる点や運用に当たっての留意点について37のケースを設定し、それぞれについて、問題提起とポイントを簡潔に示した上で、法的な知識や留意点を分かりやすく解説しています。併せて、就業規則などの各種規程の規定例を示すとともに、規定の作成と実務上の運用に当たってのポイントについても解説をしています。第3章には、テレワークを導入する場合のモデルとなる就業規則とテレワーク勤務規程も掲載しておりますので、各ケースで紹介されている個別の規定例について一覧性をもって確認することができるようになっています。

③ 本書の編集委員・執筆者

　本書は、東京弁護士会の中の政策集団である「法友会」（弁護士会員数約2,800名の任意団体です。）の有志弁護士が編集委員、執筆者となっています。

④ 結びに代えて

　本書は、新型コロナウイルスの影響が長引く中で、日に日に重要性が増している新しい生活様式に基づいた働き方について、就業規則な

ど各種規程の整備という視点から紐解いたものです。本書が企業の法務担当者や各種専門家の皆様の一助となることを願って、編集・執筆することにいたしました。本書について、無事に発刊できたことに安堵するとともに、タイトなスケジュールであるにもかかわらず、多大なご尽力をいただいた編集委員、執筆者及び出版社の関係者の皆様には心から感謝申し上げます。

令和4年2月
　　　　　東京弁護士会
　　　　　　　令和3年度　法友会幹事長　舩木秀信

編集委員・執筆者一覧

略　語　表

<法令等の表記>

　　根拠となる法令等の略記例及び略語は次のとおりです（〔　〕は本文中の略語を示します。）。

　　労働基準法第36条第6項第2号＝労基36⑥二

　　令和2年1月15日厚生労働省告示第5号＝令2・1・15厚労告5

　　令和3年3月25日基発0325第2号・雇均発0325第3号
　　＝令3・3・25基発0325第2・雇均発0325第3

労基	労働基準法
労基則	労働基準法施行規則
割増令	労働基準法第37条第1項の時間外及び休日の割増賃金に係る率の最低限度を定める政令
育児介護	育児休業、介護休業等育児又は家族介護を行う労働者の福祉に関する法律
感染症〔感染症予防法〕	感染症の予防及び感染症の患者に対する医療に関する法律
感染症則	感染症の予防及び感染症の患者に対する医療に関する法律施行規則
雇均〔男女雇用機会均等法〕	雇用の分野における男女の均等な機会及び待遇の確保等に関する法律
道交	道路交通法
働き方改革〔働き方改革関連法〕	働き方改革を推進するための関係法律の整備に関する法律（平成30年法律第71号）
パート有期〔パート有期法〕	短時間労働者及び有期雇用労働者の雇用管理の改善等に関する法律
労安衛	労働安全衛生法
労安衛則	労働安全衛生規則
労組	労働組合法
労契	労働契約法
労災	労働者災害補償保険法

労働施策推進〔労働施策	労働施策の総合的な推進並びに労働者の雇用の
総合推進法〕	安定及び職業生活の充実等に関する法律
労派遣〔労働者派遣法〕	労働者派遣事業の適正な運営の確保及び派遣労
	働者の保護等に関する法律

＜判例の表記＞

根拠となる判例の略記例及び出典の略称は次のとおりです。

最高裁判所平成28年2月19日判決、判例時報2313号119頁
＝最判平28・2・19判時2313・119

判時	判例時報	労判	労働判例
判タ	判例タイムズ	労民	労働関係民事裁判例集
労経速	労働経済判例速報		

目　次

第1章　総　論

第2章　各　論

第1　テレワーク制度の構築に関する規定

第2　労働時間に関する規定

1　労働時間管理

2　テレワークの労働時間管理

第3　休憩・休日・休業に関する規定

第4　服務規律・ハラスメントに関する規定

第5　その他勤務に関する規定

第6　福利厚生・安全衛生に関する規定

1　福利厚生

第3章　モデル規程

第1章　総　論

2

第1　就業規則の作成

1　就業規則の作成義務

　常時10人以上の労働者を使用する使用者は、労働基準法89条に掲げる事項について、就業規則を作成し、行政官庁に届け出なくてはなりません（労基89）。

　「常時10人以上」とは、「常態として」10人以上の労働者を使用しているという意味です。そのため、一時的に10人未満になることがあったとしても、基本的には10人以上を使用している場合には、就業規則を作成する必要があります。ですが、繁忙期に一時的に人を雇い入れて10人以上となる時期があるものの、通常は10人に満たない場合には、「常態として」には該当せず、作成義務はないものと解されています。

　この10人の計算は、使用者単位ではなく、「事業場」単位で計算します。就業規則は、事業場ごとに作成し、届け出なくてはならないからです。事業場は、場所的観念によって判断されますので、基本的には同一の場所にあるものは一つの事業場となり、場所的に分散しているものは原則として別の事業場と考えられます。ただし、出張所や支所など、規模が著しく小さく、組織的関連、事務能力等を勘案して、一つの事業場という程度の独立性がないものについては、直近上位の機関と一括して一つの事業場として取り扱うものとされています（昭47・9・18発基91）。

　また、この10人は、異なる雇用形態の労働者も含めて計算しなくてはなりません。正社員、契約社員、パートタイマーに限らず、また勤務時間の長短も関係ありません。ただし、派遣労働者は、派遣元の労働者として計算されますので、派遣先では人数に含まれません（昭61・6・6基発333）。

　就業規則は、全ての労働者について作成する必要がありますが、全

ての労働者について同一のものでなければならないわけではありません。同じ事業場の労働者であっても、正社員用、パートタイマー用など、雇用形態ごとに就業規則を作成することも可能です。また、同じ就業規則の中で、特別の規定を設けたり、一部の規定を適用除外としたりするなど、勤務態様に応じた就業規則を作成することもできます。

　使用者によっては、賃金規程や退職金規程など、別規程を作成している場合がありますが、労働基準法89条に掲げる事項を規定する別規程は、あくまでも同法の「就業規則」に該当します。そのため、作成義務や届出義務を遵守しなければなりません。

　就業規則の作成については、厚生労働省が「就業規則作成支援ツール」を公開しています。このツールでは、「モデル就業規則」の規定例や作成上の注意を参考にして、入力フォームから必要項目を入力・印刷することで、労働基準監督署に届出が可能な就業規則を作成することができます。

2　就業規則の届出義務

　常時10人以上の労働者を使用する使用者は、労働基準法89条に掲げる事項について、就業規則を作成するだけでなく、行政官庁に届け出なくてはなりません（労基89）。

　この届出は、原則として、事業場ごとに、当該事業場を管轄する労働基準監督署長へ届出しなければなりません（労基則49①）。ただし、一定の要件を満たせば、本社で一括して事業場の届出事務を行うことも可能です（平15・2・15基発0215001）。本社で一括して届け出ることができる場合であっても、作成は事業場ごとにしなければなりません。

　就業規則は、新しく作成したときだけでなく、労働基準法89条に掲げる事項について変更した場合にも、届出が必要です（労基89）。変更箇所が就業規則の一部にすぎない場合であっても届出が必要です。変

更の届出については、就業規則全体を提出する必要はなく、就業規則全体に代えて、変更箇所や変更内容が分かる書類（新旧対照表や該当ページの新旧のコピーなど）の提出でも構わないとされています。ですが、変更があった場合には、その都度、遅滞なく届け出ることが必要であり、数年分をまとめて届け出ることは届出義務違反となります。

　届出については、「e-Gov（イーガブ）」から、電子申請を利用して行うこともできます。令和3年4月からは、電子署名、電子証明書が不要になり、より簡単に電子申請が利用できるようになりました。

3　就業規則の作成義務違反・届出義務違反

　就業規則の作成義務、届出義務に違反した場合については、罰則が規定されており、30万円以下の罰金に処せられます（労基120一）。

第2　就業規則の記載事項

1　就業規則の記載事項

　就業規則に記載する事項には、必ず記載しなければならない事項である「絶対的必要記載事項」と、記載するかどうかは自由ですが、各事業場内でルールを定める場合には必ず記載しなければならない事項である「相対的必要記載事項」があります（労基89）。

　また、使用者において任意に記載し得る「任意的記載事項」もあります。

2　絶対的必要記載事項

　就業規則に必ず記載しなければならない事項です。

　絶対的必要記載事項の一部に記載漏れがあった場合でも、その就業

規則全体が当然に無効となるわけではありません。効力発生についての他の要件を満たす場合には、就業規則の効力は認められます。ですが、就業規則は、労働基準法89条所定の必要記載事項の全てについて定めたものを作成しなければ、作成義務を果たしたとはいえず、同条違反として罰則（労基120一）が適用されることになります。

　絶対的必要記載事項は、次のとおりです。

① 　労働時間関係（労基89一）

　　始業及び終業の時刻、休憩時間、休日、休暇並びに労働者を2組以上に分けて交替に就業させる場合においては就業時転換に関する事項

② 　賃金関係（労基89二）

　　賃金（臨時の賃金等を除きます。）の決定、計算及び支払の方法、賃金の締切り及び支払の時期並びに昇給に関する事項

③ 　退職関係（労基89三）

　　退職に関する事項（解雇の事由を含みます。）

3　相対的必要記載事項

　就業規則に必ず記載しなければならない事項ではありませんが、使用者が各事業場内で当該事項に関するルールを定める場合には必ず記載しなければならない事項です。

　相対的必要記載事項に該当するにもかかわらず、これを定めずにルールとして実施した場合にも、作成義務違反となり、罰則が適用されることになります（労基120一）。

　相対的必要記載事項は、次のとおりです。

① 　退職手当関係（労基89三の二）

　　退職手当の定めが適用される労働者の範囲、退職手当の決定、計算及び支払の方法並びに退職手当の支払の時期に関する事項

② 臨時の賃金・最低賃金額関係（労基89四）

臨時の賃金等（退職手当を除きます。）及び最低賃金額に関する事項

③ 費用負担関係（労基89五）

労働者に食費、作業用品その他の負担をさせることに関する事項

④ 安全衛生関係（労基89六）

安全及び衛生に関する事項

⑤ 職業訓練関係（労基89七）

職業訓練に関する事項

⑥ 災害補償・業務外の傷病扶助関係（労基89八）

災害補償及び業務外の傷病扶助に関する事項

⑦ 表彰・制裁関係（労基89九）

表彰及び制裁の種類及び程度に関する事項

⑧ その他（労基89十）

事業場の労働者全てに適用されるルールに関する事項

具体例としては、旅費規定、労働者全てに適用される福利厚生に関する規定、試用期間、出向、配置転換、休職など人事に関する規定などがあります。

4 任意的記載事項

使用者は、絶対的必要記載事項及び相対的必要記載事項以外の事項についても、就業規則に定めることができます。これを、任意的記載事項といいます。ただし、任意的記載事項であっても、必要記載事項と同様に、その内容は、法令、労働協定、公序良俗などに反しないことが必要です。

任意的記載事項の具体例としては、企業理念や経営方針などを記載した就業規則の前文、企業秩序の維持を図るために労働者が遵守すべ

き義務やルールを定めた服務規律などがあります。

　任意的記載事項は、必要記載事項と異なり、使用者ごとの独自性が発揮できる事項となります。ただし、就業規則に定めた事項によっては、その事項が労働契約の内容になりますので、規定を設けるかどうかを検討する際には留意が必要です。

第3　意見聴取手続

1　意見聴取義務

　使用者は、就業規則の作成又は変更について、当該事業場に、労働者の過半数で組織する労働組合がある場合においてはその労働組合、これがない場合には労働者の過半数を代表する者の意見を聴かなければならないとされています（労基90①）。そして、使用者は、就業規則の届出をする際には、聴取した意見を記した書面を添付しなければなりません（労基90②）。

　この意見聴取義務に違反した場合には、使用者は、30万円以下の罰金に処せられます（労基120一）。

2　過半数労働組合とは

　意見聴取の相手方である過半数労働組合とは、当該事業場の全ての労働者のうち、その過半数の労働者が加入している労働組合をいいます。

　過半数労働組合といえるためには、労働組合としての独立性がなければならないとされています。そのため、一つの企業に複数の事業場があり、労働組合が各事業場を通じて単一組織となっている場合には、注意が必要です。

　単一組織になっている場合には、各事業場ごとに支部や分会等が置かれることが多く、この支部や分会等が独立性を有している場合には、その支部や分会等に当該事業場の労働者の過半数が加入している限り、当該支部や分会等の意見を聴取すればよいことになります。逆に、この支部や分会等が独立性を有していない場合や、そもそも支部等がない場合には、当該労働組合に各事業場の労働者の過半数が加入していることが必要となります（労基36についての昭36・9・7基収1392、昭36・9・7基収4932）。

3　労働者の過半数の計算方法

　労働者の過半数は、当該事業場で働く全ての労働者の過半数となります。正社員、契約社員、パートタイマーに限らず、勤務時間の長短も関係ありません。派遣労働者は、派遣元の労働者として計算されますので、派遣先では人数に含みません（昭61・6・6基発333）。また、後述する過半数代表者になれない監督又は管理の地位にある者も労働者ですから、過半数計算の母数に含まれることになります。

　一つの事業場に異なる雇用形態の労働者がいて、一部の労働者のみに適用される就業規則が作成、変更される場合は、全ての労働者の過半数代表者や過半数労働組合の意見を聴けば足り、当該雇用形態の労働者の過半数による労働組合や代表者の意見まで聴く必要はありません（昭63・3・14基発150・婦発47）。ただし、短時間労働者や有期雇用労働者に係る事項について就業規則を作成、変更する場合には、短時間労働者や有期雇用労働者の過半数代表者の意見を聴くことが努力義務として定められています（パート有期7）。

4　過半数代表者の選出方法

　過半数代表者は、労働基準法施行規則6条の2第1項によれば、①労働

基準法41条2号に規定する監督又は管理の地位にある者でないこと及び②同法に規定する協定等をする者を選出することを明らかにして実施される投票、挙手等の方法による手続により選出された者とされており、使用者の意向に基づき選出された者でないことが必要とされています（平11・1・29基発45）。

　当該事業場に上記①に該当する者がいない場合には、上記②に該当すれば足りるとされています（労基則6の2②、平11・1・29基発45）。

　上記②の「投票、挙手等」の「等」については、例えば、労働者の話合い、持ち回り決議等労働者の過半数が当該者の選任を支持していることが明確になる民主的な手続が該当するとされています（平11・3・31基発169）。投票は書面による投票に限られず、投票について必要事項がきちんとアナウンスされ、労働者の過半数が当該者の選任を支持していることが明確になる民主的な手続に該当するのであれば、メールや社内イントラネットによる投票も可能です。

5　意見聴取方法

　労働基準法90条1項には、意見を聴かなければならないとありますが、これは文字どおり意見を聴けばよく、協議をしたり、同意を得たりする必要はありません。そのため、就業規則の作成、変更について、過半数労働組合や過半数代表者が同意せず、反対意見を附した場合であっても、その意見は拘束力を有するものではなく（三井造船就業規則変更事件＝岡山地決昭25・4・14労民1・2・273）、例えば、就業規則を提出する際に添付された意見書の内容が就業規則に全面的に反対するというものであっても構わないとされています。

　意見聴取の具体的な方法については、意見を聴くとは労働者過半数の意見が十分に陳述された後、これが十分に尊重されたという事跡がなければならないとする裁判例があります（東洋精機事件＝神戸地尼崎支

決昭28・8・10労民4・4・361）。同裁判例では、この意見が十分に陳述されたということは十分に陳述する機会と時間的余裕が与えられたということであり、事実上意見が陳述されたか否かは問わないとされています。また、十分に意見が尊重されたということは、労働者の意見が採用されることを必要としないことはもちろん、意見を反映することも必要ではないとされています。

　就業規則に添付する意見書については、労働者側に意見書の提出や意見書への署名・押印を拒否された場合でも、使用者が「労働者側から意見を聴取した旨を客観的に証明できる限り」、労働基準監督署は就業規則の届出を受理すべきとされています（昭23・5・11基発735、昭23・10・30基発1575）。そのため、労働者側に意見書の作成を拒否された場合には、意見聴取から拒否までの経緯を説明した「意見書不添付理由書」を使用者が作成して添付すれば、就業規則の届出は受理されます。

第4　周知手続

1　周知義務と具体的周知方法

　使用者は、就業規則を、法令や労使協定等と同様に、労働者に対し周知させる義務を負っています（労基106①、労基則52の2）。この義務に違反すると30万円以下の罰金に処せられることがあります（労基120一）。

　周知の具体的な方法としては、①常時各作業場の見やすい場所へ掲示し、又は備え付けること、②書面を労働者に交付すること、③磁気テープ、磁気ディスクその他これらに準ずる物に記録し、かつ、各作業場に労働者が当該記録の内容を常時確認できる機器を設置すること、のいずれかの方法によることが必要となります（労基則52の2）。

　ここで、就業規則を外部へ持ち出すことを禁止することができるかという問題があります。使用者は、上記①～③のいずれかの方法による就業規則の周知義務を負っていますが、就業規則の外部持ち出しの禁止については、法律上の規定がありません。よって、使用者において就業規則を外部へ持ち出すことを禁止することも可能です。ただし、労働者が就業規則の写しの交付を求めてきた場合には、その理由を丁寧に聴取し、労働者の正当な権利行使を妨げることのないように配慮することが必要です。

2　常時10人未満の労働者を使用する使用者が就業規則を作成した場合

　上記1の義務は、法令の周知義務と並ぶもので、就業規則の作成・届出義務を課されていない、常時10人未満の労働者を使用する使用者が就業規則を作成した場合にも及ぶことになります（菅野和夫『労働法』201頁（弘文堂、第12版、2019））。

3　就業規則を変更した場合

　新しい生活様式に伴って就業規則を適正な手続（労基89・90）を経て変更した場合にも、当然労働者への周知が必要となります。

第5　就業規則と他の規範（労働基準法、労働協約、労働契約）との効力関係

1　法令・労働協約の優位について

　（1）　労働基準法92条1項は「就業規則は、法令又は当該事業場につ

いて適用される労働協約に反してはならない。」と規定し、使用者が作成する就業規則は、国家の強行的法規範である法令に反してはならず、また、労使の合意を明文化した労働協約にも反してはならないことを明示しています。

（2）　ここで「法令」とは、法律・命令だけでなく、地方公共団体の条例・規則のうち強行法規も含まれます。また、「労働協約」の中で就業規則に優越的効力を有するのは、使用者と労働組合との合意（労組14）で定められたもののうち、規範的効力（労組16）を有する部分ということになります（菅野・前掲201頁）。

（3）　「法令」に違反する就業規則は無効となります。

「労働協約に反してはならない」とは、労働協約がより有利な定めを許容しているものでない限り、有利にも不利にも労働協約と異なる定めをすることはできないことを意味し、それに反する就業規則の部分は効力を失うことになります（水町勇一郎『詳解労働法』177頁（東京大学出版会、2019））。

また、労働協約は原則として協約を締結した労働組合の組合員のみに適用されますので、当該事業場に労働協約の適用を受けない労働者がいる場合には、その労働者に対しては就業規則がなお有効なものとして適用されることになると考えられます（水町・前掲178頁）。

（4）　労働基準法92条2項は「行政官庁は、法令又は労働協約に抵触する就業規則の変更を命ずることができる」と規定しています。この変更命令は、労働基準法施行規則様式17号による文書で所轄労働基準監督署長が行うものとされています（労基則50）。

ただし、この変更命令は使用者に就業規則を変更する義務を課すにとどまるものになりますので、その命令だけで就業規則が変更されることにはならず、使用者が変更手続を行う必要があります。

なお、実際には不備のある就業規則は行政指導として訂正を促した

上で再提出させるのが通常ですので、変更命令にまで至ることは稀です。

2　労働契約との関係について

　(1)　使用者と労働者との間で締結した労働契約においては、合理的な労働条件を定めた就業規則が労働契約の内容を規律する効力を発揮することになります。なお、労働契約の内容として、就業規則よりも有利な特約を定めた場合には、労働契約の特約の方が就業規則よりも優先されることになります。

　この点について明示したのが労働契約法7条です。この規定により、労働契約当事者間に就業規則より有利な個別的な特約が定められない限り、合理的な労働条件を定める就業規則が、そのまま労働契約の内容を規律することが明らかにされています（菅野・前掲204頁。菅野はこれを「労働契約規律効」と名付けています。）。

　(2)　就業規則が労働契約の内容を規律するためには、次の二つの要件を満たす必要があります。

　第1の要件として使用者が当該就業規則を労働者に周知させていたことが必要であり、さらに第2の要件として、それが合理的な労働条件を定めていることが必要となります（菅野・前掲205頁）。

　なお、ここでの「周知」とは労働基準法上の周知（労基106）とは異なり、労働者が知ろうと思えば知り得る状態に置くことという実質的周知を指すものと考えられています。そして、合理的な労働条件とは就業規則が定める労働条件それ自体の合理性を指すものとされています（菅野・前掲206頁）。

　(3)　また、労働契約で特約を定めたとしても、その特約の労働条件が就業規則の定める基準に達しない場合には、就業規則の労働条件が労働契約の内容を規律し、就業規則の方が優先されることになります。

これが就業規則の最低基準効であり、この点を明確にしたのが労働契約法12条となります。

　このように、就業規則は、就業規則の基準に達しない労働条件を定める労働契約の部分を無効とする効力があり、その無効となった労働契約の部分は、就業規則で定める基準によって補われることとなります。

　また、就業規則に定められた労働条件を引き下げる場合には、労働契約によることはできず、労働協約の締結又は就業規則の変更手続が必要となるのです。

3　就業規則を整備、労働条件を変更する場合

　以上より、新しい生活様式に伴って就業規則を整備する場合には、法令・労働協約が就業規則に優位することになる点に、十分留意する必要があります。

　また、新しい生活様式に伴って個々の労働者との間で労働条件を変更する場合にも、その変更内容が就業規則の基準に達しない場合には無効となりますので、この点にも十分に注意する必要があります。

第6　労働条件の変更

1　不利益変更の可否

　そもそも、労働契約は、労働者及び使用者が対等の立場に立った上で、両者の合意に基づいて締結すべきものであり（労契3①）、労働条件の変更についても両者の合意に基づいて変更されることが原則となります。

　この点につき、労働契約法8条は「労働者及び使用者は、その合意に

より、労働契約の内容である労働条件を変更することができる。」とし、さらに同法9条は「使用者は、労働者と合意することなく、就業規則を変更することにより、労働者の不利益に労働契約の内容である労働条件を変更することはできない。」と定めています。

　すなわち、労働者に不利益となる労働条件の変更や、就業規則の変更は、使用者において一方的にすることはできず、原則として労働者との合意が必要です。

　この労働者の合意が黙示のものでも足りるかという問題があります。黙示でも足りるケースもあると考えられますが、原則として労働者は交渉力の弱い立場にありますので、労働者の合意の有無は慎重に判断する必要があります。この点につき、使用者が賃金を一方的に減額し、労働者が異議を述べずにこれを受領していたとしても、これをもって賃金の減額に労働者が黙示の承諾をしたとはいえない、と判断した裁判例があります（大阪高判平3・12・25判タ786・195）。

2　就業規則の不利益変更が可能な場合

　ただし、不利益変更となる場合でもその変更に合理性が認められる場合には、個別の同意を得ることなく、就業規則の不利益変更が認められる場合があります。

　この点につき、労働契約法10条は「使用者が就業規則の変更により労働条件を変更する場合において、変更後の就業規則を労働者に周知させ、かつ、就業規則の変更が、労働者の受ける不利益の程度、労働条件の変更の必要性、変更後の就業規則の内容の相当性、労働組合等との交渉の状況その他の就業規則の変更に係る事情に照らして合理的なものであるときは、労働契約の内容である労働条件は、当該変更後の就業規則に定めるところによるものとする。」と規定しています。すなわち、就業規則の変更が、労働者へ適切な手続によって周知され

（労基則52の2。前記第4・1参照）、かつその変更に合理性が認められる場合には、個別の同意を得なくても効力を有することになります。労働契約法10条は、その合理性の判断要素を挙げており、合理性の有無はこの判断要素を総合考慮して決定されることになります。

　なお、就業規則の変更の手続につき、労働契約法11条は、当該事業場における労働者の過半数で組織する労働組合あるいは労働者の過半数代表の意見聴取、及び労働基準監督署への届出（労基89・90）によると定めています。この点、労働契約法10条は周知以外の手続的要件を定めていないことから、意見聴取及び届出は絶対的な要件とまではいえませんが、意見聴取と届出をしたことが就業規則変更の合理性の判断においてプラスの材料になるという趣旨で理解すべきと考えられます（菅野・前掲217頁）。

3　まとめ

　以上のとおり、新しい生活様式に伴って労働条件を変更する場合には、労働者に対して十分な説明を行って個別の同意を得ることができるように努力していくことが必要です。また、個別の同意を得ることができない場合にも、その内容が合理的なものとなるように十分に留意する必要があります。

第2章　各　論

第1 テレワーク制度の構築に関する規定

［ケース１］ テレワークを導入する場合は

当社では、新型コロナウイルスの感染防止対策としてテレワークを導入することとなりました。どのような就業規則を定める必要があるでしょうか。

◆ポイント◆

テレワーク導入には、新型コロナウイルスの感染防止対策のためだけでなく、業務生産性の向上、新規雇用・離職防止、従業員のワーク・ライフ・バランス向上、コスト削減、及び事業継続性の確保等のメリットがあります。既存の就業規則のままでテレワーク勤務ができる場合もありますが、従業員に通信費用を負担させるなど、テレワーク勤務の特有の必要性が生じる場合があり、その場合には、就業規則の変更が必要となります。テレワーク勤務に係る定めを集約したテレワーク勤務規程を作成した方が分かりやすいと考えられ、テレワーク勤務規程を作成するに当たっては、まず、就業規則本体に委任規定を盛り込み、テレワーク勤務規程には、採用するテレワーク勤務の形態に従った定義規定を定める必要があります。

1 テレワークの意義

テレワークは、従業員が情報通信技術（ICT＝Information and Communication Technology）を活用し時間や場所を有効に活用できる柔軟な働き方と定義付けられており、自宅で働く在宅勤務、移動中

や出先で働くモバイル勤務、本拠地以外の施設で働くサテライトオフィス勤務があります。テレワーク導入のメリットとしては、業務生産性の向上、新規雇用・離職防止、従業員のワーク・ライフ・バランス向上、コスト削減、及び事業継続性の確保が挙げられます（厚生労働省「テレワーク総合ポータルサイト」）。

　通常勤務とテレワーク勤務において、労働時間制度やその他の労働条件が同じである場合は、就業規則を変更しなくても、既存の就業規則のままでテレワーク勤務ができます。しかし、例えば、従業員に通信費用を負担させるなど、通常勤務では生じない問題がテレワーク勤務に限って生じる場合があり、その場合には、就業規則の変更が必要となります。また、テレワーク勤務の導入に際し、例えばフレックスタイム制を採用したい場合は、既存の就業規則にその規定が定められていなければ、就業規則の変更が必要となります。

　一般的に、テレワーク勤務を導入する場合、就業規則に、①テレワーク勤務を命じることに関する規定、②テレワーク勤務用の労働時間を設ける場合、その労働時間に関する規定、③通信費などの負担に関する規定を定める必要があります。なお、就業規則を変更した場合には、労働者の過半数で組織される労働組合又は労働者の過半数を代表する者の意見書を添付し、所轄労働基準監督署に届け出るとともに、労働者に周知する必要があります（労基90①②）。また、就業規則作成の法的義務がない会社では、前述のことについて就業規則に準ずるものを作成したり、労使協定を締結したりすることが望ましいといえます。

　なお、労働条件の変更については、「労働者と個別合意」が原則となっており、合意による変更の場合でも、就業規則に定める労働条件よりも下回ることはできません。そして、労働条件を変更する場合には、①労働者に変更後の就業規則を周知させること、②就業規則の変更が労働者の受ける不利益の程度などを勘案して合理的であることが必要

です（労契10本文）。

　また、労働条件の変更に当たっての「労働条件の明示」については、労働基準法の適用がありますので（労基15①）、従業員に新たに在宅勤務を行わせることとする場合には、就業の場所として、労働者の自宅を明示した書面を交付しなければなりません（厚生労働省「テレワークモデル就業規則〜作成の手引き〜」Ⅱ1〜4）。

2　新たに「テレワーク勤務規程」を作成する場合

　テレワーク勤務を導入する際に就業規則の変更が必要となる場合は、テレワーク勤務に係る定めを就業規則本体に盛り込むのか、あるいは、新たに「テレワーク勤務規程」を作成することになりますが、どちらにするのかは、個々の会社の判断となります。分かりやすさという観点からは、テレワーク勤務に係る定めを集約したテレワーク勤務規程を作成した方がよいと考えられます（厚生労働省「テレワークモデル就業規則〜作成の手引き〜」Ⅱ5）。

　(1)　就業規則に委任規定を設ける場合

　テレワーク勤務規程を作成するに当たっては、就業規則本体に委任規定を盛り込む必要がありますので、就業規則の適用範囲に関する定めにおいて、テレワーク勤務に関する事項を別に定めることを示します（厚生労働省「テレワークモデル就業規則〜作成の手引き〜」Ⅲ1）。

【就業規則】　DL

（適用範囲）
第○条　この規則は、○○株式会社の従業員に適用する。
　2　パートタイム従業員の就業に関する事項については、別に定めるところによる。
　3　前項については、別に定める規則に定めのない事項は、この

規則を適用する。

4　従業員のテレワーク勤務（在宅勤務、サテライトオフィス勤務及びモバイル勤務をいう。以下同じ。）に関する事項については、この規則に定めるもののほかに別に定めるところによる。

（出典：厚生労働省「テレワークモデル就業規則〜作成の手引き〜」Ⅲ1）

＜作成上のポイント＞

　第1項から第3項までは一般的な規定ですが、第4項の定めがあることによって、就業規則本体に規定すべき内容を、テレワーク勤務規程に委任することができます。基本的に、テレワーク勤務規程を確認するだけで、その内容を把握することができるため、分かりやすいといえます。

(2)　テレワーク勤務の定義

　テレワーク勤務規程を作成するに当たっては、テレワーク勤務のうち、採用する形態に従った定義規定を定める必要があります（厚生労働省「テレワークモデル就業規則〜作成の手引き〜」Ⅲ2）。

①　在宅勤務を採用する場合

【テレワーク勤務規程】 DL

　（在宅勤務の定義）

　第〇条　在宅勤務とは、従業員の自宅、その他自宅に準じる場所（会社指定の場所に限る。）において情報通信機器を利用した業務をいう。

（出典：厚生労働省「テレワークモデル就業規則〜作成の手引き〜」Ⅲ2）

②　サテライトオフィス勤務を採用する場合

【テレワーク勤務規程】 DL

　（サテライトオフィス勤務の定義）

　第〇条　サテライトオフィス勤務とは、会社所有の所属事業場以

外の会社専用施設（以下「専用型オフィス」という。）、又は、
会社が契約（指定）している他会社所有の共用施設（以下「共
用型オフィス」という。）において情報通信機器を利用した業務
をいう。

（出典：厚生労働省「テレワークモデル就業規則〜作成の手引き〜」Ⅲ2）

③　モバイル勤務を採用する場合

【テレワーク勤務規程】　DL

（モバイル勤務の定義）
第○条　モバイル勤務とは、在宅勤務及びサテライトオフィス勤
　　務以外で、かつ、社外で情報通信機器を利用した業務をいう。

（出典：厚生労働省「テレワークモデル就業規則〜作成の手引き〜」Ⅲ2）

＜作成上のポイント＞

　在宅勤務の定義については、規定例では、「自宅」のほかに、「その他自
宅に準じる場所」を勤務場所としていますが、自宅に準じる場所とは、例
えば、従業員が自宅以外の場所で親の介護などを行っている場合は、介護
している親の家が考えられます。なお、在宅勤務の場合は自宅における従
業員の経費負担が生じることが考えられますから、テレワーク勤務の中で
も、特に、ルールを定める必要性が高いといえます。

アドバイス

　テレワーク勤務に当たっても、通常勤務と同様の労働時間制度やその
他の労働条件が採られることもあり得ますが、通信技術を用いることが
不可避である以上、従業員に通信費用を負担させるなど通常勤務では生
じないことが生じる場合が考えられますので、原則的に就業規則の変更
が必要と考えておいた方がよいでしょう。その場合、分かりやすさの観
点から就業規則とは別に「テレワーク勤務規程」を制定しますが、就業

規則本体にもこれに対する委任規定を追加します。そして、「テレワーク勤務規程」を制定するに当たっては、柔軟な働きやすさを実現する観点、また今後の新型コロナウイルスの感染状況の変化に対応する観点からは、在宅勤務、サテライトオフィス勤務、及びモバイル勤務の3類型につき、定義を定めておくとよいといえますが、3類型の全てでなく、実情に応じて選択されたテレワーク勤務方法に限定して定義を定めることも考えられます。この場合、前記2(1)の委任規定で定めるテレワーク勤務の内容も、これに対応したものとする必要があります。

[ケース2] テレワークの対象者を限定する場合は

当社では、新型コロナウイルスの感染防止対策として、テレワークの導入を検討していますが、全従業員にテレワークを認めると会社の業務に支障が生じないか懸念されます。そこで、育児、介護、従業員の傷病等により出勤が困難な従業員に限定してテレワークを認めることとしたいのですが、どのような就業規則を定めたらよいでしょうか。

◆ポイント◆

新型コロナウイルスの感染防止のためには、一律のテレワークの導入が有用といえますが、実際には業務の内容や対象者の勤続年数や能力等によりテレワークに馴染まないことも考えられます。その場合は、最初から全ての従業員にテレワークを導入するのではなく、育児、介護、従業員の傷病等のため、比較的テレワークの必要性が高い者から導入を進め、会社の業務に与える影響を把握しながら、テレワークを認める対象を広げていくことが考えられます。

1 業務内容により制限を設ける場合

新型コロナウイルスの感染防止対策のためには、一律にテレワークを導入することが有用といえますが、実際には、業務の内容により、テレワークを導入した場合に業務に支障が出るものと、そうでないものが考えられます。例えば、現場部門や製造部門はテレワークを導入した場合に業務に支障が出やすい部門といえますし、小売業や飲食業も導入した場合に業務に支障が出やすい業種といえます。他方で、そ

れらの部門や業種においても、事務職等は比較的テレワークを導入し
やすいといえる可能性があります。そのため、それらの部門や業種に
応じて柔軟に対応できるよう、業務内容により制限を設けることが必
要となります。

【テレワーク勤務規程】　DL

> （在宅勤務の対象者）
> 第〇条　在宅勤務の対象者は、就業規則第〇条に規定する従業員
> 　　であって次の各号の条件を全て満たした者とする。
> 　（1）　在宅勤務を希望する者
> 　（2）　自宅の執務環境、セキュリティ環境、家族の理解のいずれ
> 　　　も適正と認められる者
> 　（3）　業務の内容上、適正と認められる者
> 　2　在宅勤務を希望する者は、所定の許可申請書に必要事項を記
> 　　入の上、1週間前までに所属長から許可を受けなければならな
> 　　い。
> 　3　会社は、業務上その他の事由により、前項による在宅勤務の
> 　　許可を取り消すことがある。
> 　4　第2項により在宅勤務の許可を受けた者が在宅勤務を行う場
> 　　合は、前日までに所属長へ利用を届け出ることとする。

＜作成上のポイント＞

　在宅勤務を適切に導入・実施するに当たっては、本人の意思も尊重する
ことが重要ですので、第1項第1号において、本人の希望を要件としていま
す。また、適切な執務環境の確保も重要ですので、第1項第2号において、
自宅の執務環境、セキュリティ環境、家族の理解を最低限の基準としてい
ます。さらに、それらを満たす者であっても、第1項第3号により、事務職
等、業務の内容上、適正と認められる者に限って、テレワーク勤務を許可

することができます。第2項は事前の許可の期限と誰の許可が必要か記載
したものです。「1週間前」という期間は例示であって、「前日」、「2週間前」、
「1か月前」など、会社の実情によって、許可を行う者を定めることができ
ます。第4項では、第2項より在宅勤務の許可を受けた者が、実際に在宅勤
務を行う際は、事前に所属長へ届け出ることとしています。規定例の「前
日」についても会社の実情によって期間を定めることができますが、その
期間を必要以上に長く設定することは在宅勤務の利用を妨げる要因にもな
りかねませんので注意が必要です。また、申請の方法については特に言及
していませんが、「電子メール」、「利用申請書」などを加えることも考えら
れます（厚生労働省「テレワークモデル就業規則～作成の手引き～」Ⅲ3−1）。

2 勤続年数等により制限を設ける場合

　新入社員等、勤続年数が短い従業員は、会社での働き方のルール（服
装規律や習慣）や仕事の進め方に関する理解が乏しく、自律して仕事
を進めることができないことがあり得るため、テレワーク勤務を認め
る者を、一定の勤続年数を経た者に限定することが考えられます。

【テレワーク勤務規程】 （DL）

（在宅勤務の対象者）

第○条　在宅勤務の対象者は、就業規則第○条に規定する従業員
　であって次の各号の条件を全て満たした者とする。

（1）　在宅勤務を希望する者

（2）　勤続1年以上の者でかつ自宅での業務が円滑に遂行できる
　と認められる者

（3）　自宅の執務環境、セキュリティ環境、家族の理解のいずれ
　も適正と認められる者

2〜4　〔略〕

（出典：厚生労働省「テレワークモデル就業規則～作成の手引き～」Ⅲ3−2）

＜作成上のポイント＞

　規定例の第1項第2号では、「勤続年数」と「対象者の自律性」を要件としています。一定の勤続年数を経た者を対象としますが、個人差もあるため、一定程度、自律的な業務が可能であることを前提とする必要があるためです。なお、規定例では勤続1年以上としてありますが、会社の実情によって勤続年数を長くしたり短くしたりすることもできますし、対象者の自律性には言及しないで勤続年数だけに限定することもできます（厚生労働省「テレワークモデル就業規則～作成の手引き～」Ⅲ3−2）。

3　育児、介護、傷病等により制限を設ける場合

　育児や介護、傷病等の場合は、テレワークの導入目的が比較的明確であるといえます。そこで、いきなり全従業員を対象としたテレワーク勤務の導入をするのではなく、まずは、育児、介護、傷病等により出勤が困難な者に限ってテレワークを導入し、その結果を見てから全従業員への導入を検討していくことも有用といえます。

【テレワーク勤務規程】 DL

（在宅勤務の対象者）

第○条　在宅勤務の対象者は、就業規則第○条に規定する従業員であって次の各号の条件を全て満たした者とする。

(1)　在宅勤務を希望する者

(2)　育児、介護、従業員自身の傷病等により、出勤が困難と認められる者

(3)　自宅の執務環境、セキュリティ環境、家族の理解のいずれも適正と認められる者

2〜4　〔略〕

5　会社は第1項第2号の事実を確認するための必要最小限の書類

の提出を求めることがある。なお、育児休業、介護休業の届出
をしている者はその届出の写しを持って代えることができる。

（出典：厚生労働省「テレワークモデル就業規則〜作成の手引き〜」Ⅲ3−3）

＜作成上のポイント＞

　育児、介護及び傷病の全てを認めるのではなく、その一部に限定することも可能といえます。また、全てテレワークとするのではなく、育児休業や介護休業等と併用することにより、働きやすさを推進することも可能と考えられます。

アドバイス

　全従業員のテレワークを直ちに実施するのは難しいという場合、まずは、必要性が明確な育児、介護及び傷病等により出勤が困難な者を対象としてテレワーク勤務規程を定め、その後、テレワークが会社の業務に与える影響を判断しながら、業務内容や勤続年数に応じて、その対象を拡大していくという方法が考えられます。

［ケース3］　全従業員にテレワークを強制する場合は

　当社では、新型コロナウイルスの感染防止対策として、全従業員に一律テレワークを実施することとなりました。どのような就業規則を定める必要があるでしょうか。

◆ポイント◆

　全従業員一律にテレワークを強制する必要がある場合に当たっては、対象者の理解を得るように丁寧な説明をした上で、新規契約時、契約更新時、及び契約途中を問わず、書面（ファクシミリや電子メールも可）により、就業の場所としてテレワークを行う場所を明示した書面を交付する必要があります。その上で、就業の場所について、就業規則を変更する必要があります。就業規則の変更には、テレワーク勤務規程に対する委任も含みます。

1　全員にテレワークを強制する場合

　一般に、テレワークを全従業員に導入する場合は、本人の意思を尊重する必要があることから、テレワーク勤務規程の作成に当たっても本人の希望を要件とする必要があります（厚生労働省「テレワークモデル就業規則～作成の手引き～」Ⅲ3−1）。しかし、新型コロナウイルスによる感染防止のためには、全従業員一律にテレワークを強制する必要がある場合があることも想定されます。就業規則の条項がなくとも、テレワークを命じる業務命令が可能とする考えもありますが、労務管理上は、テレワークを命じることを認める就業規則上の規定があった方がよいでしょう。

【テレワーク勤務規程】　(DL)

（在宅勤務の対象者）

第○条　会社は、就業規則第○条に規定する従業員に対し、業務上の必要により、在宅勤務を命じることができる。

2　前項により在宅勤務を命じられた者は、自宅の執務環境、セキュリティ環境につき、いずれも適正な設備・体制を備えることを要する。その際の費用負担については、第○条の定めるところによる。

＜作成上のポイント＞

　第1項で、在宅勤務を命じる対象を限定しないことにより、全従業員に対する在宅勤務の命令も、一部の従業員に対する在宅勤務の命令も可能となります。

　他方で、いかなる場合であっても適正な執務環境やセキュリティ環境の確保は必要といえますので、それに必要な設備・体制の設置を対象者に命じることも可能とする必要があり、それに対する費用等の負担につき、別途定めるものとします。その際、従業員に費用等の負担をさせる場合には、当該事項について就業規則に規定しなければならないため（労基89五）、留意が必要です。

2　労働条件通知書への記載

　使用者は、労働契約を締結する際において、労働者に対し、「就業の場所」に関する事項等を明示する必要があります（労基15①、労基則5①一の三）。労働条件の明示は、「労働契約の締結に際し」とされているため、新規採用時や契約更新時にテレワークを導入する場合は、「就業の場所」としてテレワークを行う場所を明示することが必要となります。もっとも、新型コロナウイルスの感染防止の観点からは、新規採用時や契約更新時にかかわらず、テレワークを導入する必要があります。

この点について、厚生労働省によれば、既に労働契約を締結している者に対して新たにテレワークを行わせることとする場合には、「就業の場所」としてテレワークを行う場所を明示した書面を交付する必要があります（厚生労働省「テレワークモデル就業規則～作成の手引き～」Ⅱ4）。

なお、従業員が専らモバイル勤務をする場合等、業務内容や従業員の都合に合わせて働く場所を柔軟に運用する場合は、就業の場所についての許可基準を示した上で、「使用者が許可する場所」といった形で明示することも可能と考えられます（厚生労働省「テレワークの適切な導入及び実施の推進のためのガイドライン」（令3・3・25基発0325第2・雇均発0325第3）5(2)(3)）。

また、新型コロナウイルスの感染防止の観点からは、書面の交付を対面で行うことが必ずしも望ましくないことも考えられますが、ファクシミリや電子メール等の方法でも可能なため（労基則5④）、状況により適切な方法を選択することができます。

3　就業規則の変更

就業規則には、絶対的必要記載事項（労働時間、賃金、退職関係）のほか、相対的必要記載事項（定めをする場合には就業規則に規定を置かなければならないもの）があります（労基89各号）。

テレワークを導入するに当たり労働時間制度やその他の労働条件については何ら変更しない場合には、既存の就業規則を変更する必要はない場合もあります（厚生労働省「テレワークモデル就業規則～作成の手引き～」Ⅱ1）。しかし、一般には、従業員に一定の通信費用等の負担が生じる場合が多いと考えられ、このような費用の負担は「作業用品その他の負担」（労基89五）に当たるため、就業規則の変更が必要となると考えられます。

そのほかに、就業規則の変更については、その変更が労働者にとっ

て不利益となる場合には、労働者の個別の同意があるかその変更に合
理性があることが必要とされています（労契10）。テレワークの導入に
当たり、その適用を従業員が自由に選択できるとするのであれば不利
益はないといえそうですが、全従業員一律にテレワークを一方的に命
じる場合や、労働時間、賃金等の制度も変わる場合には、その内容が
不利益かどうか不明確な場合も考えられ、広い意味では不利益変更に
当たる場合も考えられます。

　そこで、テレワークの導入に当たっては、合理的な内容のものを作
成するとともに、従業員に対して十分な説明を行い、仮にその内容に
不合理な部分が含まれるとしても同意を得られるような努力をするこ
とが望ましいと考えられます（末啓一郎『テレワーク導入の法的アプローチ
　トラブル回避の留意点と労務管理のポイント』137頁（経団連出版、2020）参照）。

アドバイス

　上記のとおり、一定の要件の下、就業規則の変更により、新型コロナ
ウイルスによる感染防止のため、全従業員一律にテレワークを強制する
ことは可能と考えられます。もっとも、強制するとしても、できるだけ
対象者の理解を得るよう、丁寧な説明を心掛けることが肝要といえます。

［ケース4］　テレワーク（在宅勤務）に伴って生じる費用を 従業員負担とする場合は

> 当社では、今般テレワーク（在宅勤務）を導入することに なりました。これに伴い発生する通信費や水道光熱費は、従 業員の負担としたいと考えています。就業規則や社内規程で どのような注意が必要でしょうか。

◆ポイント◆

> テレワーク（在宅勤務）の導入に伴い発生する通信費や水 道光熱費を従業員の負担とする場合、従業員の負担の程度や、 従業員の負担とする必要性、相当性を検討し、あらかじめ労 使間で十分に協議した上で、就業規則に定めておくことが望 ましいといえます。

1　テレワーク（在宅勤務）の導入に伴い発生する費用を従業員 の負担とする場合

テレワーク（在宅勤務）の導入に伴い、従業員が自宅や自宅に準じ る場所で業務を遂行する場合には、インターネット等の通信費が必要 となります。また、タブレット端末等の情報通信機器の購入が必要と なる場合もあります。加えて、従業員が自宅で業務を遂行する場合に は、本来事業場で過ごすはずであった時間を自宅で過ごすことによる 電気代、水道代等が発生することになります。

多くの会社では、業務上発生する費用については会社の負担とする ことが一般的ですが、従業員が自宅で業務を行う場合、通信費や水道 光熱費を私用と業務用で区別するのは容易でないこともあり、従業員

の負担とすることも考えられます。

　もっとも、その場合には、これに関する事項を就業規則に定め、労働基準監督署へ届け出ることが必要となります（労基89五）。

　また、通信費や水道光熱費を従業員の負担とすると、今まで会社で勤務していた際には生じなかった費用をテレワーク（在宅勤務）により従業員が負担することとなるため、そのような就業規則の変更は従業員にとって不利益なものと考えられます。

　この点、労働条件の変更は、原則として労働者と使用者との合意によることとされており（労契3①・8）、使用者は労働者との合意なく一方的に労働条件を不利益に変更することはできませんが（労契9）、「変更後の就業規則を労働者に周知させ、かつ、就業規則の変更が、労働者の受ける不利益の程度、労働条件の変更の必要性、変更後の就業規則の内容の相当性、労働組合等との交渉の状況その他の就業規則の変更に係る事情に照らして合理的なものであるときは、労働契約の内容である労働条件は、当該変更後の就業規則に定めるところによる」ものとされ（労契10）、かかる場合には、就業規則の変更により労働条件の不利益変更が可能となります。

　したがって、就業規則の変更により通信費や水道光熱費を従業員の負担とする場合には、上記の基準に照らして変更後の規定が合理的なものであることが必要となります。

2　通信費を従業員の負担とする場合

　従業員の住居においてインターネットを利用するための通信回線については、既に従業員が私用のために定額制のインターネット回線を設置しているケースが多いため、その場合には、テレワーク（在宅勤務）を行うことにより従業員に今まで以上に過大な費用負担を負わせるということはなく、不利益の程度は限定的といえます。そこで、通

信費を私用と業務用で区別することが困難であることや会社の事情等を踏まえて労働条件の変更の必要性、変更後の就業規則の内容の相当性が認められ、労働組合等との交渉の状況その他の就業規則の変更に係る事情に照らして合理的な内容といえるのであれば、これを従業員に周知させることにより、テレワーク（在宅勤務）における通信費を従業員の負担とする就業規則の変更は可能といえます。

　ただし、新たに通信回線を引くことが必要な場合には、その工事費に加え今まで支出していなかった通信費を従業員に負担させることになるため、不利益の程度がわずかとは認められない可能性もあります。したがって、通信回線を持たない従業員がいる場合に、通信回線設置工事費やその後の通信費を従業員の負担とすることについては、慎重に検討する必要があります。このような場合には、従業員と十分に話し合い、従業員の合意を得た上で実施するのが無難といえます。

　電話料金についても、既に家庭用電話や携帯電話を使用している従業員が大多数ですので、私用と業務用の区別が困難な状況等に鑑み、電話料金を従業員の負担とする方法も考えられます。ただし、業務の内容によっては電話をかける頻度が多く、そのための電話料金が相当額となるような場合に、これを全て従業員の負担とすると、不利益の程度がわずかとは認められない可能性もありますので、そのような場合には、電話料金を従業員の負担とすることについて慎重に検討した方がよいでしょう。

3　水道光熱費を従業員の負担とする場合

　テレワーク（在宅勤務）の場合には、従業員は、本来事業場で過ごすはずであった時間を自宅で過ごすことになるため、電気代、水道代等が新たに発生することになります。

　もっとも、テレワーク（在宅勤務）中に使用する電気や水の量がそ

れほど多くはなく、従業員の負担がわずかといえる場合であれば、通信費同様自宅の私用と業務用との区別が困難であること等を踏まえて労働条件の変更の必要性、変更後の就業規則の内容の相当性が認められ、労働組合等との交渉の状況その他の就業規則の変更に係る事情に照らして合理的な内容といえるのであれば、これを従業員に周知させることにより、テレワーク（在宅勤務）における水道光熱費を従業員の負担とする就業規則の変更は可能といえます。

【テレワーク勤務規程】　(DL)

（費用の負担）

第○条　在宅勤務者が在宅勤務の際に使用する情報通信機器の通信費は、在宅勤務者の負担とする。

2　在宅勤務に伴って発生する水道光熱費は、在宅勤務者の負担とする。

3　業務に必要な郵送費、事務用品費、消耗品費その他会社が認めた費用は、会社負担とする。

4　その他の費用については、在宅勤務者の負担とする。

＜作成上のポイント＞

　上記規定例では、在宅勤務者が在宅勤務時に使用するインターネットや電話等の情報通信機器の通信費及び水道光熱費を、全て在宅勤務者負担としています。なお、インターネットを利用するための通信回線を自宅に設けていない従業員等が在宅勤務できるよう、モバイルルーター等の情報通信機器を会社が貸与し、その通信費については会社負担とする方法も考えられます（[ケース6]参照）。

　また、業務上必要な郵送費や文具等の事務用品費等については、会社にある物を使用できないわけではなく私用と業務用の区別が可能であるため、従業員負担とする必要性・相当性を認めることが困難であることから、会社負担としています。

アドバイス

　通信費や水道光熱費を従業員の負担とすることは、私用と業務用の区別が困難な中その算出をする手間や負担を回避できるため、導入を検討する余地がありますが、テレワーク（在宅勤務）以前は全て会社負担であったものを従業員の負担とすることになりますので、従業員に与える不利益の程度や、従業員負担とする必要性・相当性を十分に検討の上、労使間で十分に話し合った上で導入する必要があるでしょう。

　会社における検討の結果、通信費や水道光熱費を会社負担とする場合もあるでしょうが、その場合であっても、実際に支出した費用を算出の上、事後精算する方法や毎月一定額の手当という形で従業員に支給するという方法が考えられます。会社が負担する場合については、[ケース5]をご参照ください。

［ケース5］　テレワーク（在宅勤務）に伴って生じる費用を会社負担とする場合は

> 当社では、今般テレワーク（在宅勤務）を導入することになりました。これに伴い発生する通信費や水道光熱費は、当社の負担とする予定ですが、就業規則や社内規程に定めるに当たりどのような注意が必要でしょうか。

◆ポイント◆

> テレワーク（在宅勤務）の導入に伴い発生する通信費や水道光熱費を会社負担とする場合、実費精算の方法と在宅勤務手当の形で支給する方法が考えられます。
> 実費精算の方法では、私用と業務用の区別が容易でなく、算定方法が問題となる一方、在宅勤務手当の方法で定額を支給する場合には、割増賃金の算定基礎に算入する必要が生じることに注意が必要です。

1　テレワーク（在宅勤務）に伴って生じる費用を会社負担とする場合

テレワーク（在宅勤務）の導入に伴い従業員が自宅で業務を遂行する場合、インターネット等の通信費が発生し、タブレット端末等の情報通信機器の購入費用が必要となることがあります。また、本来会社で過ごすはずであった時間を自宅で過ごすことによる電気代、水道代等も発生することになります。

このような通信費や水道光熱費について、会社と従業員いずれの負担とするか定める必要があります。会社で業務をする際の通信費や水道光熱費は会社が負担していることに鑑み、テレワーク（在宅勤務）で

発生する通信費や水道光熱費についても会社が負担するというケース
もあるでしょう。この場合、従業員に新たな負担を強いるものではな
いため、そのような方法を導入することに問題はありませんが、労使
間でルールが明確になるよう、就業規則に定めておくとよいでしょう。

2　テレワーク（在宅勤務）に伴って生じた費用を実費精算する場合

　テレワーク（在宅勤務）の導入に伴い、テレワーク（在宅勤務）に
より発生する通信費や水道光熱費を会社が負担する場合、実際に従業
員が支払った費用を後日精算する方法が考えられます。この場合、利
用明細等に基づき、業務用使用分について会社が負担する方法が考え
られるところではありますが、現在は多くの方が定額制のインター
ネット回線を設置していることから、私用と業務用の通信費の区別が難
しく、水道光熱費についても在宅勤務に伴い生じた分を算定するのは
容易ではありません。算定方法については会社ごとに検討することと
なりますが、従業員にとっても会社にとっても算定に手間がかかり、
双方にとって過度の負担とならないような考慮が必要となります。

【テレワーク勤務規程】 DL

（費用の負担）
第○条　在宅勤務に伴って発生する情報通信機器の通信費は、会
　　　社の負担とする。
2　在宅勤務に伴って発生する水道光熱費は、会社の負担とする。
3　業務に必要な郵送費、事務用品費、消耗品費その他会社が認
　　　めた費用は、会社の負担とする。
4　その他の費用については、在宅勤務者の負担とする。

＜作成上のポイント＞

　上記規定例は、通信費や水道光熱費について、在宅勤務に伴って発生する分は会社の負担とする場合の規定です。その精算方法については、会社ごとに検討の上定めることになりますが、上記のとおり私用と業務用の区別が難しいため、算定に手間取るなど双方にとって過度の負担にならないようにする必要があります。

＜運用上のポイント＞

　実費精算の方法として、通信費については、1か月のうち在宅勤務に要した時間分の割合をインターネットの定額料金に乗じる方法が考えられ、水道光熱費については、在宅勤務実施前の1か月間の平均使用料金との差額を算出する方法が考えられますが、在宅勤務者が多くなれば、それに伴い会社の事務負担が大きくなる可能性もあります。そこで、下記3に説明するような、毎月一定額を支給する方法も検討の余地があるといえるでしょう。

3　在宅勤務手当として一定額を支給する場合

　上記2のとおり、在宅勤務により発生する通信費や水道光熱費等の費用を実費精算する場合、私用と業務用の区別が容易でなく、手続が煩雑となる可能性もあります。

　そこで、毎月一定額の手当という形で従業員に支給するという方法が考えられます。

　この方法であれば、実費を算出する煩雑さを回避することが可能ですが、定額の手当を支給する場合、当該手当は割増賃金の算定基礎に算入する必要があることに注意が必要です。

　すなわち、残業代等の割増賃金の時間単価を計算する際に算定基礎に算入不要な賃金としては、家族手当、通勤手当、別居手当、子女教育手当、住宅手当、臨時に支払われた賃金、1か月を超える期間ごとに支払われる賃金が規定されています（労基37、労基則21）。

　これらは限定的に列挙されたものですので、該当しない賃金は基本的に全て割増賃金の基礎賃金に算入することになることから、在宅勤務手当は割増賃金の算定基礎に算入されることになり、割増賃金の規定等も併せて変更が必要となるのです。

【テレワーク勤務規程】　DL

　（在宅勤務手当）
第○条　在宅勤務者が負担する自宅の通信費及び水道光熱費（ただし、資料送付に要する郵便代は除く。）のうち業務負担分として毎月月額○○○○円を支給する。

＜作成上のポイント＞

　上記規定例は、在宅勤務による通信費や水道光熱費を会社の負担とする場合に、私用と業務用との区別が難しいことに伴う精算の困難さを回避し簡便に処理する方法として、毎月一定額の手当という形で従業員に支給するという方法を定めたものです。

　金額については、在宅勤務によって通常生じ得る合理的な額を算出することになります。また、1か月間の在宅勤務日数が一定ではなく従業員によってまちまちの場合には、1か月間の在宅勤務日数に応じて手当の金額を分ける方法も考えられます。

＜運用上のポイント＞

　在宅勤務手当として定額の手当を支給する場合には、割増賃金の算定の基礎として算入する必要があり（労基37⑤、労基則21）、給与規定、割増賃金の規定も併せて見直す必要があることに注意が必要です。

［ケース 6 ］　テレワーク勤務者に備品を貸与する場合は

　当社では、今般テレワーク勤務（在宅勤務）を導入することになりました。そこで、従業員に対し、自宅で使用するパソコンを貸与したいと考えています。どのような就業規則を定める必要があるでしょうか。

◆ポイント◆

　就業規則を変更してテレワーク勤務規程を設けるに当たっては、変更後の就業規則（テレワーク勤務規程）の周知とその内容の合理性が必要となりますが、在宅勤務において使用するパソコンの貸与についての規定自体は、テレワーク勤務者に不利益を与えるものとはならず、これを定めることに問題はないといえます。

　在宅勤務において使用するパソコンの貸与に関する規定を設けるに当たっては、貸与する内容を明らかにするとともに、セキュリティ対策の観点から、無断で会社の許可しないソフトウェアをインストールすることを禁止する等の規定を加えておくとよいでしょう。

1　在宅勤務において使用するパソコンの貸与

　会社においてテレワーク勤務を導入する場合に、既存の就業規則に定める労働条件がそのままテレワーク勤務に適用可能であれば、必ずしも就業規則の変更は必要ありませんが、テレワーク勤務においては、本ケースのように会社が在宅勤務で使用するパソコンを貸与する際の

規定や、その他テレワーク勤務のみに関係する規定が必要となること
が多いといえます。

　そのような場合、労働条件の変更は、原則として労働者と使用者と
の合意によることとされており（労契3①・8）、使用者は、労働者との合
意なく一方的に労働条件を不利益に変更することはできません（労契
9)。

　もっとも、「変更後の就業規則を労働者に周知させ、かつ、就業規則
の変更が、労働者の受ける不利益の程度、労働条件の変更の必要性、
変更後の就業規則の内容の相当性、労働組合等との交渉の状況その他
の就業規則の変更に係る事情に照らして合理的なものであるときは、
労働契約の内容である労働条件は、当該変更後の就業規則に定めると
ころによる」ものとされ（労契10）、かかる場合には、就業規則の変更に
より労働条件の不利益変更が可能となります。

　就業規則の変更によりテレワーク勤務規程を設けるに当たっては、
上記の基準に照らして変更後の規定が合理的なものであることが必要
となります。

　そして、テレワーク勤務規程のうち本ケースのような在宅勤務にお
いて使用するパソコンを会社が貸与する規定については、自己所有の
パソコンを使用することでウイルスに感染し、会社の重要な情報が漏
洩するなどの危険を防止するため、多くの会社では当該規定を設ける
ことが多いと思われますが、当該規定は会社の負担においてパソコン
を用意するものであって従業員に不利益を与えるものではないことか
ら、他に条件を設けることにより上記の基準に抵触するようなことが
なければ、テレワーク勤務規程の設定に当たり当該規定を設けること
は問題ないといえます。

　当該規定の具体例として、以下の条項が考えられます。

【テレワーク勤務規程】 ⬭DL⬭

（情報通信機器・ソフトウェア等の貸与）

第〇条 会社は、在宅勤務者が業務に必要とするパソコン、プリンタ等の情報通信機器、ソフトウェア及びこれらに類する物を貸与する。

2 前項のパソコンの貸与を受けた在宅勤務者は、当該パソコンに会社の許可を受けずにソフトウェアをインストールしてはならない。

＜作成上のポイント＞

上記規定例では、パソコンのほか、プリンタ等の情報通信機器、ソフトウェアやこれらに類する物についても会社が貸与する旨規定していますが、会社が貸与する物がパソコンとそれにインストールされているソフトウェアのみである場合には、それに限定する方法も考えられます。

また、在宅勤務者が、会社の業務に無関係のソフトウェアや、安全性が確認できていないなどの理由で会社が承認していないソフトウェアを無断でインストールすることにより、ウイルスに感染する等のセキュリティ上の問題が生じる可能性があるため、かかる行為を禁止する規定も設けています。かかる規定は、在宅勤務者の行動を一部制約するものではありますが、不利益とまではいえないと考えられますし、少なくとも合理性が認められる可能性が高いといえます。

＜運用上のポイント＞

テレワーク勤務（在宅勤務）は、たとえ本ケースのように会社のパソコンを貸与する場合であっても、会社のセキュリティが及ばない自宅のインターネットを利用する場合がほとんどであるため、会社は、テレワーク勤務者に対し、会社情報の取扱いに関してセキュリティガイドラインを設けその遵守を求めることが多いでしょう。

基本的にかかる規定は、テレワーク勤務規程の中の服務規律に関する条項において設けられているため（[ケース29]参照）、上記規定例において更

に規定をしてはいませんが、テレワーク勤務においてセキュリティ対策を確保するため、テレワーク勤務規程の中の服務規律に関する条項においてセキュリティガイドライン等の遵守に関する規定を設けることや、テレワーク勤務に当たってのセキュリティガイドラインを策定することが重要となります。

2　モバイル勤務における携帯電話・スマートフォン等の貸与

　本ケースに関連し、モバイル勤務者が自宅等以外の社外で情報通信機器を利用して業務を行う場合、かかる情報通信機器の機器代金や利用料金を従業員と会社のどちらが負担するかが問題となります。

　これらを全て従業員の負担とすることも、従業員と会社の合意があれば認められる可能性もないわけではありませんが、従業員に与える不利益や従業員所有の機器を使用することによるセキュリティ上の問題を考慮し、会社が負担することが多いのではないでしょうか。

　この場合であれば、上記1の在宅勤務において使用するパソコンを貸与する場合と同様、情報通信機器の機器代金や利用料金を全て会社が負担するものであって従業員に不利益を与えるものではないことから、テレワーク勤務規程の設定に当たり当該規定を設けることは問題ないといえます。

　その場合の、テレワーク勤務規程の規定例は以下のとおりです。

【テレワーク勤務規程】 DL

　（携帯電話・スマートフォン・モバイルルーター等の貸与）
　第〇条　会社は、モバイル勤務者が必要とする携帯電話・スマートフォン・モバイルルーター等の情報通信機器及び必要な周辺機器を貸与する。
　2　前項の携帯電話・スマートフォン・モバイルルーター等の情報通信機器の利用料金は、会社が負担する。

＜作成上のポイント＞

　上記規定例は、モバイル勤務者に対し、携帯電話・スマートフォン・モバイルルーター等の情報通信機器のほか、必要な周辺機器についても会社が貸与することとし、通信費等の利用料金も会社が負担することとしています。会社によって、モバイル勤務者には通話の必要はなく、インターネットが可能であれば十分な場合、モバイルルーターのみの貸与とする方法も考えられます。

　また、在宅勤務者に対しても、自宅のインターネットを使用させるのではなく、会社がモバイルルーターを貸与してそれを使用させる場合や、自宅に通信回線を持たない従業員に対し会社がモバイルルーターを貸与する場合には、上記規定例の対象に在宅勤務者を含める方法が考えられます。

＜運用上のポイント＞

　上記規定例においても、在宅勤務において使用するパソコンを貸与する際の規定と同様、セキュリティガイドラインの遵守規定を設けていませんが、テレワーク勤務規程の中の服務規律に関する条項においてセキュリティガイドライン等の遵守に関する規定が設けられているか、また、テレワーク勤務に当たってのセキュリティガイドラインが策定されているか確認する必要があります。

3　私有機器の利用

　さらに本ケースに関連し、テレワーク勤務者が、会社のパソコン等の貸与を受けるのではなく、本人が所有するパソコン等の機器を使用することを希望する場合も考えられます。

　会社が、テレワーク勤務者に対し私有機器の使用を強制するものではなく、当該勤務者の希望を前提とする内容の就業規則の変更であれば、従業員に不利益を与えるものではないと考えられるので、テレワーク勤務規程に当該規定を設けることは問題ないといえます。

　むしろ、これを認める場合には、テレワーク勤務者が所有するパソ

コン等が、業務以外で使用されるソフトウェアがインストールされていたり、テレワーク勤務者や家族が当該パソコン等をプライベートに使用することも考えられるため、ウイルス感染の危険性や会社の重要な情報漏洩等の問題が生じるおそれがあります。

したがって、これらを考慮した規定を設ける必要があります。

当該規定の具体例として、以下の条項が考えられます。

【テレワーク勤務規程】　DL

（私有機器の使用）

第○条　会社は、テレワーク勤務者が所有する機器（以下「私有機器」という。）を使用させることができる。この場合、セキュリティガイドラインを満たした場合に限るものとし、費用については話合いの上決定するものとする。

2　テレワーク勤務者が、私有機器を業務に使用する場合には、所定の許可申請書に必要事項を記入の上、あらかじめ所属長から許可を受けなければならない。

＜作成上のポイント＞

上記の説明のとおり、テレワーク勤務者が私有機器を使用する場合には、会社が情報通信機器を貸与する場合と比べ、ウイルス感染や会社の機密情報漏洩等の対策が十分でないことも考えられます。

そこで、セキュリティ対策をより徹底するために、上記規定例においては、セキュリティガイドラインを満たすことを条件とし、所定の許可申請書の提出を求めることにしています。

また、費用の負担については、私有機器がテレワーク勤務者ごとに様々であることが予想されるため、特定の方法に限定せず、話合いにより決定することとしています。

＜運用上のポイント＞

　会社は、上記規定例のような規定を定め私有機器の利用を認める場合には、それがパソコンであれば、許可申請書により当該パソコンのメーカー・名称、OS、ウイルス対策ソフトウェアの名称・バージョン等を確認して利用する私有機器を特定するとともに、テレワーク勤務者に対してセキュリティガイドラインに沿った対応を求めるなど、セキュリティ対策に注意を払う必要があります。

［ケース7］　テレワーク勤務対象者の通勤手当等を減額する場合は

　当社では、今般テレワーク勤務（在宅勤務）を導入することになりました。これに伴い、会社に通勤する頻度が低くなる従業員の通勤手当や育児・介護手当を減額したいと考えています。就業規則や社内規程の作成でどのような注意が必要でしょうか。

◆ポイント◆

　通勤手当や育児・介護手当の減額は、従業員にとって不利益変更に該当するため、原則として従業員の個別同意が必要となります。

　ただし、変更後の就業規則の内容が合理的なものであり、これを従業員に周知する場合には、就業規則による労働条件の変更は可能とされていますので、テレワーク勤務（在宅勤務）の導入に伴う通勤手当の減額は合理性が認められる可能性があるでしょう。他方、育児・介護手当の減額については、その合理性を説明するのは容易でないため、慎重に考える必要があります。

1　労働条件の不利益変更

　「労働契約は、労働者及び使用者が対等の立場における合意に基づいて締結し、又は変更す」ることが原則とされ（労契3①）、「労働者及び使用者は、その合意により、労働契約の内容である労働条件を変更することができ」ます（労契8）。

　他方、「使用者は、労働者と合意することなく、就業規則を変更することにより、労働者の不利益に労働契約の内容である労働条件を変更することはできない」と定められており（労契9）、労働者に不利益となる労働条件の変更や就業規則の変更は、原則として許されません。

　ただし、不利益変更となる場合であっても、変更後の就業規則を労働者に周知させ、かつ変更後の就業規則が合理的なものであるときは、労働契約の内容である労働条件は、当該変更後の就業規則に定めるところによるものとされ（労契10）、かかる場合には、就業規則の変更により労働条件の不利益変更が可能となります。そして、就業規則変更の合理性は、労働者の受ける不利益の程度、労働条件の変更の必要性、変更後の就業規則の内容の相当性、労働組合等との交渉の状況その他の就業規則の変更に係る事情に照らして判断されます（労契10）。

　なお、就業規則の変更の手続に関しては、労働基準法89条及び90条の定めるところによります（労契11）。

2　通勤手当の減額

　就業規則において通勤手当について規定されている場合には、それが労働契約の内容である労働条件となりますので、会社が一方的に就業規則を変更して通勤手当を減額することは、労働条件の不利益変更に当たり、原則として許されません。

　もっとも、テレワーク勤務（在宅勤務）を行った日は会社への通勤がなくなりますので、その分通勤に要する費用は低額となることからすれば、実際の通勤費を適正に算出する内容の変更であれば、従業員の受ける不利益の程度も限定的であり、労働条件の変更の必要性や変更後の就業規則の内容の相当性も認められる可能性が高いでしょう。さらに、労働組合等との交渉の状況その他の就業規則の変更に係る事情を総合的に考慮して合理性が認められれば、これを従業員に周知さ

せ、労働基準法89条及び90条の定める手続を履践することにより、就業規則の変更による通勤手当の減額は可能といえます。

その場合の、テレワーク勤務規程の規定例は以下のとおりです。

【テレワーク勤務規程】 DL

> （給与）
> 第○条　テレワーク勤務者の給与については、就業規則第○条に定めるところによる。
> 2　前項の規定にかかわらず、在宅勤務（在宅勤務を終日行った場合に限る。）が週に○日以上の場合の通勤手当については、毎月定額の通勤手当は支給せず、実際の通勤に要する往復運賃の実費を給与支給日に支給するものとする。

＜作成上のポイント＞

上記規定例は、在宅勤務者を対象に、終日在宅勤務を行った日が1週間に一定日数以上ある場合には、定額の通勤手当の支給を廃止し、実際に通勤に要する往復運賃の実費を支給することを想定しています。

なお、終日在宅勤務を行った日数については、上記規定例のように週単位でなく月単位で算定する方法も考えられます。

また、本ケースは在宅勤務が前提となっていますが、サテライトオフィス勤務についても、会社への通勤と比較して通勤費用が低額となる場合には、在宅勤務と同様に通勤手当を減額することを検討する余地があるでしょう。

＜運用上のポイント＞

電車やバスで通勤している従業員に対し、通勤手当として定期代相当額を支給している会社が多いのではないでしょうか。

定期代は、鉄道事業者やバス事業者ごとに、又は利用する電車・バスの距離、何か月分の定期代か等によって割引率が異なりますが、終日在宅勤務日の回数によっては、定期代相当額の方が実費よりも低額になる場合があります。

　また、通勤手当を実際の通勤に要する往復運賃の実費とすると、定額を支給していた場合と比べて、通勤日数の集計等の事務作業に係る負担が生じることとなります。

　したがって、1週間又は1か月のうち何日以上を終日在宅勤務とするかを検討の際には、このような点も考慮の上判断するとよいでしょう。

3　育児・介護手当の減額

　就業規則において育児・介護手当について規定されている場合にも、それが労働契約の内容である労働条件となりますので、会社が一方的に就業規則を変更して育児・介護手当を減額することは、労働条件の不利益変更に当たり、原則として許されません。

　例外的に、労働契約法10条に定める要件（変更後の就業規則の「周知」及び「合理性」）が満たされる場合には、就業規則の不利益変更も認められますが、テレワーク勤務（在宅勤務）は、勤務場所が会社から自宅に変更されるにすぎず、勤務時間中に会社の業務に従事することに変わりはなく、その時間中に育児・介護が認められるものでもありません。

　したがって、テレワーク勤務（在宅勤務）であることをもって育児・介護手当を減額することは、従業員の受ける不利益も大きく、相当性が認められる可能性も低いと思われますので、そのような就業規則の変更については、相当慎重に判断する必要があります。

　なお、テレワーク勤務（在宅勤務）の導入に当たっては、自宅で育児・介護をする時間を確保するため勤務時間の短縮を希望する従業員が生じる場合も考えられます。これに応じるかは会社の判断となりますが、従業員との合意により、勤務時間の短縮を認め、当該時間に相応した基本給に変更することや、自宅で育児・介護する時間を踏まえた手当の変更は可能といえます。

［ケース8］　テレワークの回数を制限する場合は

　　当社では、今般テレワークを導入することになりましたが、各従業員にテレワークを認める回数を、1週間に2日までに制限したいと考えています。どのように対応したらよいでしょうか。

◆ポイント◆

　　テレワーク導入に当たっては、その回数を制限するか否かは会社の裁量です。また、場合によっては回数制限を設ける方が、従業員間の不公平感を緩和するなどのメリットもあるでしょう。ただし、回数制限を設けるに当たっては、その旨の規定を設けた方が、従業員にとってもルールが分かりやすくなり、有効です。

1　テレワークの回数を制限することの有用性

　テレワークを導入するに当たり、テレワーク日数を制限することは可能です。

　実際問題として、会社の生産性を考えた場合、一定程度は従業員に出社してもらった方が、作業効率が良い場合もあるでしょう。

　また、建設、製造などの現場作業が必要な職種、販売やコールセンターなどの接客が必要な職種など、職種によっては職場を離れての勤務ができないものがあり、同じ会社内で、このような現場・接客部門とそうでない部門がある場合、無制限にテレワークを導入すると、テレワークを利用できる従業員とそうでない従業員との間に不公平感が生じる可能性があります。

　そのような場合に考えられるのが、テレワークの回数を制限する方法です。

2　テレワークの回数を制限する場合の規定

　テレワークを導入するに当たって、テレワークに関する就業規則等（テレワーク勤務規程等を含みます。）を設ける必要がある場合のあることは［ケース1］で述べたとおりです。

　テレワークの回数制限は、必ずしも就業規則等に定めなければならない事項ではありませんが、回数制限をするのであれば、その旨を就業規則等に規定として明記した方が従業員にとっても分かりやすく、テレワークを利用しやすくなります。

　なお、本ケースは1週間に2回に制限したい、とのことですが、規定を設けるに当たっては、生産性を高めるには週に何日出社してもらうのが適当か、また、現場の職種からの不公平感が軽減されるにはどの程度の制限を設けるのが適当か、等を見極めるため、事前にトライアルを実施するとよいでしょう。なお、テレワークの導入が、新型コロナウイルス感染拡大防止の目的も含まれている場合には、従業員の人数や業務スペースの広さなどを踏まえ、出社人数の抑制に必要なテレワーク回数を検討することも重要です。

　その上で、適当なテレワークの日数が決まれば、以下のような定めを設けることになります。

【テレワーク勤務規程】　DL

（テレワークの日数）
　第○条　テレワークの日数は、1週間に2日を限度とする。
　2　前項の1週間の起算日は○曜日とする。
　3　テレワークを希望する者は、テレワーク日の1週間前までに、

　所定の許可申請書を提出して所属長の許可を得なければならない。

＜作成上のポイント＞

　本ケースは、1週間のテレワークの日数を2日までに制限したいとのことでしたので、第1項では、テレワーク日数を1週間に2日を限度とすることを定めています。

　また、1週間に2日、という場合、1週間がどこから始まるかの起算日を定める必要があります。この起算日は、何曜日でも構いませんので、会社が運用しやすい曜日を起算日と定めてください。

　さらに、上記のようにテレワークの日数に制限を設ける場合、会社の方で従業員の出社日を把握し、調整する必要があります。そのため、第3項では事前にテレワーク希望日を申請し、許可を得るといった手続を定めました。ただし、他の条項でテレワークの申請に関する規定を設けている場合は、第3項は不要となる場合もあります。

　なお、テレワークについて、1週間に2日を限度とした場合であっても、従業員がよりテレワークを利用しやすくするために、時間単位でのテレワークを認める、ということも考えられます。その場合は、上記の規定例の第1項は「テレワークの日数は、1週間に2日（15時間）を限度とする。」とした上で、許可申請についても「申請は1時間単位とする」と定めることになります。

アドバイス

1　テレワーク日の調整

　テレワークが可能な部門であっても、同日に複数のテレワーク希望が重なるような場合等、テレワークを認めない場合もあるでしょう。

　この点、規定例では上限を定めたのみですので、従業員からのテレワークの申請を許可するか否かは会社の裁量ではあります。

　しかし、合理的な理由なく、一部の従業員についてのみテレワークを

許可しない、というような事態が生じた場合は、不合理な待遇差として会社の責任を問われかねません。

　そのような事態を回避するためにも、テレワーク日については、部門内のメンバー間での調整を行って計画を立てるなど工夫し、平等となるような指定が必要です。

2　テレワークを利用できない部門への配慮

　上記1に述べたように、現場部門や接客部門など、テレワークを利用できない部門のある会社は、テレワークに回数制限を設けたとしても、不公平感を払拭できない場合があります。

　そのような場合には、テレワークを利用できる従業員を、育児、介護、従業員の傷病等により出勤が困難な従業員に限るなど、対象を制限することも考えられます（[ケース2]参照）。

　さらに、タブレット型端末等のインフラ整備によりモバイルワークを推進する、遠隔操作ロボットなどの利用を検討するなど、業務を効率化し、テレワークを利用できない部門の業務の負担の軽減を図っていくことなども一つの方法です。

［ケース9］　テレワークの実施に伴い賃金体制と人事評価制度を変更する場合は

　当社では、新型コロナウイルスの感染防止のため、テレワークを導入しています。テレワークの場合、従業員の働きぶりが見えず人事評価が難しくなるため、成果型の人事評価に基づく賃金体制に変更しようと考えています。どのように対応したらよいでしょうか。

◆ポイント◆

　テレワークにおいては勤務状況が見えない等の理由から、成果型の人事評価が適しているといわれています。ただし、成果型の人事評価に基づく賃金体制の変更が、労働条件の不利益変更となるような場合には、従業員と合意をするのであれば格別、就業規則の変更による場合には、当該変更に合理性があると認められなければなりません。

　また、成果型の人事評価において、成果を適正に評価するためには、従業員との十分なコミュニケーションを図ることが必要です。

1　人事評価制度の目的・方法

　人事評価制度は、従業員の一定期間の業務成績及び能力を評価し、これを昇給、賞与、昇進、昇格、配置、異動等に反映させる制度です。

　人事評価の方法はいくつかありますが、従前は、企業における職務遂行能力を職掌ごとに等級化した上で、能力（仕事に関する能力、技術や知識等）、業績（仕事の成果や業績等）、情意（協調性や積極性等）、

といった項目を総合考慮して等級判断を行う、といった方法が多くとられてきました。この評価方法は、長期雇用を前提としており、年功序列型の給与体系になりやすいといわれています。

　しかし、1990年代のいわゆるバブル崩壊後、会社の業績悪化による人件費適正化の要請や、働き方の多様化といった背景事情により、業績を重視して評価を行う成果主義的な人事評価が普及してきました。

　成果型の評価方法として代表的なのが、目標管理制度という方法であり、この評価制度では、従業員自身が上司と話合いの上で目標を設定し、その目標の達成度により評価されることになります。

2　テレワークにおける人事評価

　従前の人事評価制度では、職場における勤務態度や勤務時間なども重要な評価項目となっていました。しかし、テレワークでは、従業員の仕事ぶりを直接見ることができず、直接のコミュニケーションもないことから、これらの評価項目を前提とした従前の人事評価制度では適切な評価が難しくなります。

　そのため、テレワークにおいては、成果型の人事評価がより適していると考えられ、テレワーク制度の導入とともに、人事評価やそれに伴う賃金体制を成果型へと見直す企業も出てきました。

3　人事評価制度等の変更の留意点

　本ケースでは、賃金体制を、成果型の人事評価に基づく賃金体制へと改めたいとのことですが、人事評価に関する事項は、就業規則の相対的必要記載事項（労基89十）であり、また、賃金に関する事項は就業規則の絶対的必要記載事項（労基89二）ですので、これらを変更する場合、就業規則の定め（一般的には就業規則に委任規定を設け、別途「人事評価規程」「賃金規程」を設けるケースが多いですが、これらは就業規則と

一体となって就業規則を構成するものとみなされます。）の変更が必要になる場合があります。また、テレワークを行う従業員にのみ成果型の人事評価に基づいた賃金体制を適用する、という場合は、その旨の就業規則を作成・変更しなければなりません（労基89二）。

　さらに、人事評価制度や賃金体制の変更により、労働条件が不利益に変更される可能性がある場合には、従業員との合意が必要になります（労契9）。

　従業員との合意がない場合でも、①労働者の受ける不利益の程度、②労働条件の変更の必要性、③変更後の就業規則の内容の相当性、④労働組合等との交渉の状況その他の就業規則の変更に係る事情に照らして、変更が合理的なものであるときには、就業規則を変更し、それを周知する方法により、労働条件の不利益変更は可能です（労契10）。

　どのような場合に「変更が合理的である」とされるかについてはケースバイケースですが、合理性が認められたケースとしては、会社側に競争力を強化する高度の必要性があったこと、どの従業員にも平等な機会を保障していること、就業規則導入に当たり、組合と誠実な交渉を行ってきたことが評価されたケースがあります（ノイズ研究所事件＝東京高判平18・6・22労判920・5）。反対に、合理性が認められなかったケースとしては、賃金制度の変更の必要性は認めつつも、不利益が高年齢層にのみ偏っていること、組合との交渉経緯も、経営者側からの一方的な説明にすぎなかったこと、などを理由に合理性が否定されたケースがあります（キョーイクソフト事件＝東京高判平15・4・24労判851・48）。

　これらの裁判例からは、合理性判断においては、変更の必要性、従業員間の公平性、組合、従業員と誠意を尽くした協議をしてきたか、といった要素が重要であることが分かります。

　したがって、テレワーク制度導入に当たって人事評価制度、賃金体制を改めるに当たっても、当該制度導入が必要な理由、不利益が一部

の従業員に偏っていないか等を十分に検討した上で、組合、従業員に
十分な説明を行い、納得を得られるよう可能な限りの努力をすること
が重要です。

4　成果型の人事評価規程の具体例

　成果型の人事評価制度として目標管理型の人事評価を導入する場合
でも、従前の等級制度を完全に撤廃するのではなく、等級制度は残し
たまま、各等級における評価の方法として目標管理型の評価を定める、
というケースがほとんどでしょう。

　人事評価の定めは、就業規則では以下のような委任規定を設けた上
で、別途人事評価規程を設けることが多いと思われます。

【就業規則】　DL

> （人事評価）
> 第○条　従業員の人事評価については、別に定める「人事評価規
> 　　程」によるものとする。

　そして、人事評価規程における評価の方法として目標管理制度によ
る評価方法を定める場合、以下のような定めが考えられます。

【人事評価規程】　DL

> （評価の実施）
> 第○条　人事評価は、次条以下に定める「目標管理制度」の方法
> 　　によるものとする。
> （期間）
> 第○条　目標管理制度の期間は、1事業年度を単位とする。
> （目標管理の流れ）
> 第○条　目標管理制度の流れは、次のとおりとする。なお、詳細

について は、「目標管理制度実施要領」に定めるものとする。

(1) 所属長は、従業員に対し、来期の事業方針や重点課題その他必要な事項を示した上で、従業員に期待される要求水準を明示する。

(2) 従業員は、自身への要求水準をふまえ目標案を作成し、所属長と協議の上、目標を決定する。

(3) 従業員は、目標に従って業務を遂行する。

(4) 評価者は、目標の難易度・達成度を確認し、事業への貢献度を決定した上で、評価を行う。

（評価区分）

第○条 評価区分は次のとおりとする。

(1) 難易度

　3：要求水準を著しく上回る。

　2：要求水準を上回る。

　1：要求水準と同一レベル。

(2) 達成度

　S：目標達成基準を著しく上回った。

　A：目標達成基準を上回った。

　B：目標達成基準をほぼ達成した。

　C：目標達成基準を下回った。

　D：目標達成基準を著しく下回った。

＜作成上のポイント＞

　目標管理制度においては、適切な目標を定めることが最も重要です。そこで、具体的な目標設定の方法や内容については、更に「目標管理制度実施要領」のようなものを定め、目標達成状況の確認方法や難易度・達成度の評価の具体的方法などとともに、詳細に規定した方がよいでしょう。

　なお、上記は目標管理制度の評価方法についての定めのみを挙げていますが、人事評価規程においては、評価方法以外に、評価の対象範囲、評価の時期、評価者、評価に対する異議手続等、定めるべき条項があります。

　なお、人事評価制度の変更に応じて賃金規程を変更する場合もありますが、人事評価の方法を変えたのみで、各等級に対応する賃金については変更しない、ということであれば、賃金規程の変更は必要ありません。

アドバイス

　上記4に述べたように、目標管理制度においては、適切な目標を定めることが最も重要です。そのため、目標設定においては、その目標が、当該従業員の地位や資格に応じて期待される水準と比較してどのレベルか（難易度の判断）、目標の達成が客観的に判断できる内容か（達成基準の明確化）等について、所属長と従業員とで十分に協議し定める必要があります。また、目標設定後は、都度、所属長との面接や、従業員からの報告などにより目標達成状況を確認し、目標が高すぎる、あるいは低すぎることが判明した場合は、目標を修正することも必要でしょう。

　目標の設定や評価には、それなりのスキルが要求されるため、目標管理制度の導入に当たっては、所属長らに対し一定のトレーニングを課すことが望ましいと思われます。

　また、目標管理制度のような成果型の人事評価においては、直接成果に結びつかない後輩指導などが評価に反映されないなど、評価に不公平感を感じる従業員が出てくる可能性もあります。

　そのため、成果主義一辺倒ではなく、成果型の人事評価を中心としつつ、他の評価項目も併用する、という運用もあり得るでしょう。

[ケース10]　サテライトオフィス勤務を導入する場合は

> 　当社では、新型コロナウイルスの感染防止のため、テレワークの導入を検討しています。この場合、テレワークの実施場所を自宅だけでなくサテライトオフィスも認めようと考えていますが、どのような対応が必要でしょうか。

◆ポイント◆

> 　テレワークの就労形態には、在宅勤務、サテライトオフィス勤務、及びモバイル勤務があります。情報セキュリティや職務専念の観点から、就労場所を自宅等（在宅勤務）又は使用者の指定するオフィス（サテライトオフィス）に限定することも認められます。サテライトオフィスの利用を認める場合には、テレワーク全般に必要な就業規則の整備に加え、オフィスの利用申請について規定することが必要です。

1　テレワークの就労形態

　テレワークとは、「テレ（Tele）離れたところで」と、「ワーク（Work）働く」を合わせた造語です。インターネットなどのICT（情報通信技術）を活用し、時間や場所を有効に活用できる柔軟な働き方であり、オフィスに人が集まることや混雑した通勤を避けることができるため、新型コロナウイルスの感染防止に有用です。

　テレワークは、就業場所により①在宅勤務、②サテライトオフィス勤務（施設利用型勤務）、③モバイル勤務に分けられます（厚生労働省「テレワーク総合ポータルサイト」）。

①　在宅勤務とは、自宅を就業場所とする働き方です。全く出社せず

　毎日自宅で仕事をする場合だけでなく、週に何日などと定めて自宅
　で仕事をする場合もあります。
② 　サテライトオフィス勤務とは、本拠地のオフィスから離れた場所
　に設置したオフィスで就業する施設利用型の働き方です。自社やグ
　ループ専用で利用する専用型と、複数の企業や個人事業主がオフィ
　スを共用する共用型（シェアオフィス又はコワーキングスペースと
　呼ぶ場合もあります。）があります。
③ 　モバイル勤務とは、移動中の交通機関や顧客先、カフェ、ホテル、
　空港のラウンジなどを就業場所とする働き方です。

2　サテライトオフィスの活用

　テレワークを自宅等で行う場合、事務所衛生基準規則、労働安全衛
生規則（一部、労働者を就業させる建設物その他の作業場に係る規定）
及び「情報機器作業における労働衛生管理のためのガイドライン」（令
元・7・12基発0712第3）は一般に適用されません。

　しかし、会社は、これらの衛生基準と同等の作業環境となるよう、
テレワークを行う従業員に教育・助言等を行い、「テレワークの適切な
導入及び実施の推進のためのガイドライン」（令3・3・25基発0325第2・雇
均発0325第3）別紙2の「自宅等においてテレワークを行う際の作業環境
を確認するためのチェックリスト（労働者用）」を活用し、作業環境に
関する状況の報告を求め、労使が協力して改善を図ることが重要とさ
れています（厚生労働省「自宅等でテレワークを行う際の作業環境整備」）。従
業員の自宅では適切な作業環境を整えることができない場合は、環境
の整ったサテライトオフィスを活用することも検討すべきでしょう。

　また、テレワークでは従業員が会社と離れた場所で勤務をするため、
労働時間の把握に工夫が必要となりますが、会社が従業員の入退場の
記録を把握することができるサテライトオフィスの場合、入退場記録
により労働時間を把握することができます。

　サテライトオフィスの利用申請についての規定例は以下のようになります。

【テレワーク勤務規程】　**DL**

（サテライトオフィスの利用申請）
第〇条　サテライトオフィスを利用するに当たっては、利用を希望する者は、所属長に対し、利用を希望する日の〇営業日前までに、次の事項を記載した申請書を提出しなければならない。
(1)　希望するサテライトオフィスの場所
(2)　勤務時間及び勤務期間
(3)　業務の内容
(4)　サテライトオフィス勤務の事由

＜作成上のポイント＞

　誰が、どこに、いつまでに、どのようにして利用申請をするかを定める必要があります。サテライトオフィスを利用できる人数には限りがありますので、申請期限を設け上司の許可又は上限を超えた場合の調整について定めることも考えられます。

　規定例は専用型の場合です。共用型の場合は、利用契約をしているオフィスの利用カードの交付申請をし、利用の都度（又は週・月ごとに）明細書を提出すること（利用契約をしているオフィスの場合）、会社指定のオフィスを利用し、利用の都度（又は週・月ごとに）利用明細書と領収証を提出すること（利用契約をしていないオフィスを利用する場合）を追加することが考えられます（厚生労働省「テレワークモデル就業規則〜作成の手引き〜」）。

　　　　　　　　　　　　アドバイス

　テレワーク勤務の申請・承認のために出社することは本末転倒といえます。申請・承認の方法については、書面に限らず、電子メールやウェブシステム上など、会社の実情に即したものを検討します。

参考書式

〇サテライトオフィス利用申請書　(DL)

サテライトオフィス利用申請書

申請日：令和〇年〇月〇日

〇〇株式会社
〇〇〇〇殿

所属：〇〇部〇〇課
氏名：〇〇〇〇　㊞

　私は、テレワーク勤務規程第〇条により、サテライトオフィス勤務を希望しますので、以下のとおり申請します。

1　サテライトオフィス勤務希望業務
　（〇〇〇〇〇　　　　　　　　　　　　　　　　　　　　　）
2　勤務開始希望日及び期間
　(1)　開始日　令和〇年〇月〇日
　(2)　期間　□1週間　☑2週間　□1か月
　　　　　　　□　年　月　日〜　年　月　日
3　サテライトオフィス勤務の頻度
　①　毎日
　(2)　週　日（希望する曜日がある場合は☑）
　　　□月　□火　□水　□木　□金
　(3)　特定日
　　（　月　日、　日、　日、　日、　日、　日）
　(4)　その他
　　（　　　　　　　　　　　　　　　　　　　　　　　　　）
4　勤務場所
　（〇〇〇〇〇　　　　　　　　　　　　　　　　　　　　　）

5　サテライトオフィス勤務の事由

　(1)　育児

　(2)　介護

　③　新型コロナウイルス感染症拡大防止

　(4)　その他

　　　(　　　　　　　　　　　　　　　　　　　　　　　　　　)

[ケース11]　育児休業中の従業員をテレワークで働かせる場合は

　当社では、新型コロナウイルスの感染防止のため、テレワークを導入していますが、育児休業中の従業員から、テレワークであれば自宅での業務が可能との理由でテレワーク勤務を希望されました。どのように対応したらよいでしょうか。

◆ポイント◆

　育児休業期間における就労は本来想定されないものですが、労使間の話合いにより、一時的・臨時的に就労することは可能です。テレワーク勤務により、育児休業中にも業務を行うことが可能になる場合が増えると考えられますが、この場合であっても、育児休業の目的である子の養育に支障を来さないよう、一時的・臨時的なものであることが必要です。従業員が育児休業給付金の支給を受けている場合は、就労が月10日（10日を超える場合は80時間）以下であれば給付金は支給されます（賃金額により給付金が減額される場合があるので、ご注意ください。）。

　なお、令和4年10月1日より、子の出生直後に柔軟な育児休業を認める出生時育児休業（産後パパ育休）制度が施行されます。

1　育児休業期間中の就労

(1)　育児休業

育児休業、介護休業等育児又は家族介護を行う労働者の福祉に関す

る法律は、一定の要件を満たす労働者について、原則として1歳に満た
ない子の養育のため、労働者の申出により休業することを認めていま
す（育児介護5①・6①）。育児休業終了時に子が保育所に入所できないな
ど、特に必要な場合は1歳6か月、1歳6か月到達時点でも更に必要な場
合は2歳まで休業が認められます（育児介護5③～⑤）。

　なお、両親共に育児休業する場合には、子の年齢が1歳2か月までに
延長されます（パパ・ママ育休プラス）（育児介護9の2）。

　(2)　育児休業中の就労

　育児休業を申し出た従業員は、その期間中労務提供義務を負いませ
ん。しかし、子の養育をする必要がない期間に限り、労使の話合いに
より一時的・臨時的に就労することは可能です。

　育児休業中の従業員の就労は、会社にとっては経験豊富な従業員の
就労・離職防止というメリットが、従業員にとっては復職が容易にな
る、就労分の賃金が得られるなどのメリットがあります。育児休業中
の就労を「半育休」と称して積極的に捉える見解もあります。

　もっとも、育児休業の目的である子の養育に支障を来さないよう、
就労は一時的・臨時的なものであることが必要です。厚生労働省は、
一時的・臨時的な就労と認められる例として、以下の①～⑤を挙げて
います（例示であり、これらに限られません。）。

①　育児休業開始当初は、労働者Aは育児休業期間中に出勤すること
　を予定していなかったが、自社製品の需要が予期せず増大し、一定
　の習熟が必要な作業の業務量が急激に増加したため、スキル習得の
　ための数日間の研修を行う講師業務を事業主が依頼し、Aが合意し
　た場合

②　労働者Bの育児休業期間中に、限られた少数の社員にしか情報が
　共有されていない機密性の高い事項に関わるトラブルが発生したた
　め、当該事項の詳細や経緯を知っているBに、一時的なトラブル対

応を事業主が依頼し、Bが合意した場合

③　労働者Cの育児休業期間中に、トラブルにより会社の基幹システムが停止し、早急に復旧させる必要があるため、経験豊富なシステムエンジニアであるCに対して、修復作業を事業主が依頼し、Cが合意した場合

④　災害が発生したため、災害の初動対応に経験豊富な労働者Dに、臨時的な災害の初動対応業務を事業主が依頼し、Dが合意した場合

⑤　労働者Eは育児休業の開始当初は全日を休業していたが、一定期間の療養が必要な感染症がまん延したことにより生じた従業員の大幅な欠員状態が短期的に発生し、一時的にEが得意とする業務を遂行できる者がいなくなったため、テレワークによる一時的な就労を事業主が依頼し、Eが合意した場合

他方、恒常的・定期的に就労させる場合は育児休業とは認められませんので注意が必要です。恒常的・定期的な就労の例として、労働者Fが育児休業開始当初より、あらかじめ決められた1日4時間で月20日間勤務する場合や、毎週特定の曜日又は時間に勤務する場合が挙げられています（厚生労働省「育児休業中の就労について」）。

2　育児休業中のテレワーク勤務

テレワークのメリットの一つとして、従業員にとっては育児と仕事の両立の一助となること、会社にとっては育児を理由とした従業員の離職防止が挙げられます（「テレワークの適切な導入及び実施の推進のためのガイドライン」（令3・3・25基発0325第2・雇均発0325第3））。育児休業中の従業員についてもこれらのメリットは同様です。

もっとも、育児休業は原則として1歳未満の子を養育する期間であり、本来、就労は想定されていません。自宅で業務を行うテレワークであっても、子の養育に支障を来さないよう、一時的・臨時的なもの

に限られることに注意が必要です。業務の内容・時間について、従業員と十分に協議する必要があります。また、職務専念義務の履行が困難になるのではないか、職場内で理解が得られるかという問題もあります。会社には育児休業中の従業員に限らない、きめ細やかな配慮が求められます。

3　育児休業期間中の就労と育児休業給付金

　育児休業期間中の賃金は労働契約に委ねられていますが、特別の合意がなければ休業している従業員には賃金が支払われないのが原則です（ノーワーク・ノーペイの原則）。育児休業期間中に就労した場合の賃金は、労働契約（賃金規定）によることになります。

　他方、育児休業中の従業員には、雇用保険法により、休業開始前賃金の一定割合（休業開始後6か月間は休業前賃金の67％、その後は50％）が「育児休業給付金」として支給されます（雇用保険法61の7⑤）。

　育児休業給付金の支給を受けている従業員が一時的・臨時的な就労をした場合、就労が月10日以下又は月10日を超える場合は80時間以下であれば、育児休業給付金は支給されます（賃金の支払額により、育児休業給付金が減額されることがあります（厚生労働省「育児休業期間中に就業した場合の育児休業給付金の支給について」）。）。

4　出生時育児休業（産後パパ育休、令和4年10月1日施行）

　出生時育児休業とは、子の出生後8週間以内に4週間まで取得できる育児休業です。現行の育児休業と異なり、申出は休業の2週間前まですることができ（現行の育児休業は1か月前）、分割して2回まで取得することができます（令3法58による改正後の育児介護9の2①・9の3①）。

　また、労使協定を締結している場合に限り、従業員と会社が合意した範囲内で、事前に調整した上で休業中に就業することが可能です

（令3法58による改正後の育児介護9の5）。就業をする場合は、従業員が就業可能日や就業可能時間帯その他の労働条件を申し出て、会社はその条件の範囲内で候補日・時間等を提示し、従業員の同意を得て会社が通知します。従業員から申出可能な労働条件の中には、テレワークで実施できる業務に限ることも含まれ、会社はその範囲内で就業させることができることになります（厚生労働省「令和3年改正育児・介護休業法に関するQ＆A（令和3年11月30日時点）」Q5−1・Q6−1・Q6−5等参照）。

アドバイス

1　労使間の合意

育児休業期間中、子の養育を行う従業員は労務提供義務を負いません。会社の一方的な指示により就労させることはできず、従業員が申し出ること、又は自ら会社の求めに応じることが必要です。

育児休業は、子の養育のための休業です。必要な育児時間を損なうことのないよう、業務の時間や内容についても従業員と協議の上合意することが求められます。

2　不利益取扱いの禁止・ハラスメント防止措置

会社は、従業員が育児休業中に就労しなかったことを理由として、不利益な取扱いを行ってはなりません（育児介護10、平21厚労告509第二十一）。出生時育児休業中についても同様です。

また、従業員が育児休業中に就労しなかったことや、一時的・臨時的な就労をしたことにより上司や同僚からのハラスメントを受けることがないよう、雇用管理上必要な措置を講じる必要があります（育児介護25・28、平21厚労告509第二十四）。育児休業中の在宅勤務に職場内で理解が得られるよう、会社には配慮が求められます。

[ケース12]　派遣労働者にテレワークをさせる場合は

　当社では、新型コロナウイルス感染防止のため、テレワークの導入を検討しています。その際、正社員だけでなく、派遣労働者にもテレワークを認めようと考えていますが、どのような対応が必要でしょうか。

◆ポイント◆

　コロナ禍において、正社員だけでなく、派遣労働者にもテレワークを実施することは、労働者派遣法の趣旨にも沿う意義のあることといえます。派遣労働者であることのみを理由として、一律にテレワークを利用させないことは、雇用形態に関わらない公正な待遇の確保を目指して改正された労働者派遣法の趣旨・規定に反する可能性があります。しかし、派遣労働者がテレワークによる就業を行う場合、労働者派遣契約の（一部）変更が必要になる場合があり、注意が必要です。また、派遣労働者の労働時間の把握や職務能力等の評価についても配慮が必要です。

1　労働者派遣とは

　労働者派遣事業の適正な運営の確保及び派遣労働者の保護等に関する法律（以下「労働者派遣法」といいます。）は、労働者派遣、派遣労働者について、次のように定めています。

　「労働者派遣」とは、自己の雇用する労働者を、当該雇用関係の下に、かつ、他人の指揮命令を受けて、当該他人のために労働に従事させることをいい、当該他人に対し当該労働者を当該他人に雇用させる

ことを約してするものを含まないものをいいます（労派遣2一）。

　「派遣労働者」とは、事業主が雇用する労働者であって、労働者派遣の対象となるものをいいます（労派遣2二）。

　労働者派遣においては、派遣元事業主と派遣先との間で「労働者派遣契約」、派遣元事業主と派遣労働者との間で「労働契約」が締結されます。このように、派遣先は、派遣労働者との労働者派遣契約を締結しているため、派遣先が派遣労働者にテレワークを実施するには、派遣元事業主と協議して「労働者派遣契約」を変更しなければならない場合が生じます。

2　労働者派遣契約の変更

　労働者派遣契約を締結する際に定めるべき事項は、労働者派遣法で定められています（労派遣26①）。派遣労働者にテレワークを実施する場合、特に法定事項のうち、派遣就業の場所並びに組織単位、派遣労働者を直接指揮命令する者に関する事項について変更する必要がないか注意が必要です。

　労働者派遣法26条1項2号は、派遣労働者が労働者派遣に係る労働に従事する事業所の名称及び所在地その他派遣就業の場所並びに組織単位を定めることを求めています。

　また、労働者派遣法26条1項3号は、労働者派遣の役務の提供を受ける者のために、就業中の派遣労働者を直接指揮命令する者に関する事項を定めることを求めています。

　そのため、派遣労働者がテレワークにより就業を行う場合、労働者派遣契約において、派遣先の事業所だけでなく、具体的な派遣就業の場所、所属する組織単位及び指揮命令者についても定める必要があります。この定めがない場合には、労働者派遣契約を変更する必要があります。

　さらに、労働者派遣法34条は、派遣元事業主が派遣労働者に対して就業条件等を明示することも求めています。

　そのため、派遣先は、派遣元事業主に対し、これらの事項について、労働者派遣契約書と同様、就業条件明示書にも記載するよう求める必要があります。

① テレワークによる自宅での就業のみを認める場合
【就業条件明示書】 DL

派遣先の事務所	○○株式会社○○支社
就業の場所	派遣労働者の自宅
組織単位	○○株式会社○○支社○○営業課
指揮命令者	○○株式会社○○支社○○営業課課長○○○○

② 事業所への出社による就業を基本とし、必要に応じてテレワークによる自宅での就業を認める場合
【就業条件明示書】 DL

派遣先の事務所	○○株式会社○○支社
就業の場所	○○株式会社○○支社○○営業課○○係 （〒○○○－○○○○ 　○○県○○市○○1－2－3 　TEL：○○－○○○○－○○○○) ただし、必要に応じて派遣労働者の自宅

組織単位	○○株式会社○○支社○○営業課
指揮命令者	○○株式会社○○支社○○営業課課長○○○○

＜作成上のポイント＞

　派遣労働者がテレワークにより自宅で就業する場合、上記①のように、就業の場所については、「派遣労働者の自宅」と記載すれば足ります。個人情報保護の観点から、派遣労働者の自宅について、具体的な住所まで記載する必要はありません。

　また、自宅での就業のみではなく、出社による就業も行う場合、上記②のように、「就業の場所」の記載を工夫する必要があります。

＜運用上のポイント＞

　あらかじめ変更内容を記載した労働者派遣契約書を作成することができない緊急の場合でも、派遣先は、派遣元事業主との間で十分に合意内容を確認しておくよう注意が必要です。

　また、派遣労働者の就業をテレワークのみにより行う場合、派遣労働者が、派遣元責任者及び派遣先責任者に迅速に連絡が取れるようになっていることなど、コミュニケーションや雇用管理に支障がないか留意して実施することが必要になります。

3　派遣労働者の労働時間の把握

　(1)　派遣元事業主は、派遣労働者と労働契約を締結している使用者として、派遣労働者の始業及び終業時刻、休憩時間、残業の有無等の労働時間を把握し、適切な労務管理を行わなければならない立場です。

　労働者派遣においては、派遣先が、派遣労働者が派遣就業をした日

ごとの始業及び終業時刻、休憩時間を派遣先管理台帳に記載し、それらを派遣元事業主に通知することによって、派遣元事業主は、派遣労働者の労働時間を把握します。

　この労働時間の把握については、派遣労働者にテレワークを実施する場合も同じです。

　(2)　派遣元事業主は、派遣先を定期的に巡回すること等により派遣労働者の就業状況が労働者派遣契約の定めに反していないことを確認しなければなりません（「派遣元事業主が講ずべき措置に関する指針」（平11・11・17労働告137））。

　派遣労働者に自宅でのテレワークを実施する場合、派遣先の就業場所は派遣労働者の自宅となります。しかし、派遣元事業主は、派遣労働者のプライバシーを侵害しないよう、派遣労働者の自宅への巡回ではなく、電話やメール、ウェブ面談等により就業状況を確認するよう配慮する必要があります。

　また、派遣元事業主は、派遣先から、派遣労働者の自宅を把握しておきたいとの求めがあっても、安易に応じてはいけません。派遣労働者の自宅の住所は、派遣労働者のプライバシー情報ですので、派遣元事業主は、派遣労働者に対し、テレワークの実施に当たって派遣先が派遣労働者の自宅の住所を把握することが必要であるなど、その使用目的を十分に説明した上で同意を得る必要があります。

　さらに、自宅でのテレワークにより就業を行う派遣労働者から苦情の申出を受けたときも、派遣元事業主は、派遣労働者本人が自宅での対面での相談を希望している場合や直接自宅に出向いて対面する必要がある場合を除いて、派遣労働者の自宅への訪問ではなく、電話やメール、ウェブ面談等により対応する配慮が必要です。

4　派遣労働者の職務能力等の評価

派遣元事業主は、派遣労働者と労働契約を締結している使用者として、派遣労働者の職務能力等の評価を行う立場です。

労働者派遣において、派遣先は、派遣元事業主の求めに応じて派遣労働者の業務の遂行の状況等の情報を提供するなど必要な協力をするよう配慮しなければならないとされていますので（労派遣40⑤）、派遣元事業主は、派遣先から派遣労働者の業務の遂行状況等の情報の提供を受けるなどして、派遣労働者の職務能力等の評価を行います。

具体的な評価方法については、派遣元事業主において決定すべきものではありますが、派遣労働者にテレワークを実施する場合であっても、出社する場合と同様に公正に評価するよう配慮が必要です。

5　テレワーク実施に係る費用

派遣労働者がテレワークを実施するためには、パソコンやインターネット環境など、テレワークに必要な設備が必要になります。

派遣労働者にテレワークに必要な設備等に関する費用負担を一方的に強いるようなテレワーク実施が望ましくないことは言うまでもありません。

派遣労働者に対してテレワークに必要な設備等に関する費用負担を求める場合には、派遣元事業主は、派遣先と話し合い、派遣労働者へ十分に説明した上で、労働者派遣契約書、就業条件明示書に記載しておくことが望ましいといえます。

また、テレワークによる就業において情報セキュリティに係る問題が生じた場合に備え、その責任の所在については、あらかじめ派遣元事業主と派遣先で十分に話し合った上で、労働者派遣契約に定めておくことが望ましいといえます。

【労働者派遣契約書】【就業条件明示書】　DL

> 1　○○社が貸与する情報通信機器を利用する場合の通信費は、○○社の負担とする。
>
> 2　在宅勤務に伴って発生する水道光熱費は在宅勤務者の負担とする。
>
> 3　その他の費用については在宅勤務者の負担とする。

＜作成上のポイント＞

　自宅でのテレワークによる就業を認める場合、テレワークに要する通信費、水道光熱費など、テレワークによって通常の出社勤務と異なる費用が生じます。そのため、トラブル防止の観点から、派遣元事業主が負担する場合における限度額、派遣労働者が請求する場合における請求方法などについても、派遣元事業主が、労働者派遣契約書、就業条件明示書に記載しておくことが望ましいといえます。

　また、派遣先も、これら費用負担について、派遣元事業主、派遣労働者との間で、認識の齟齬がないかを十分に確認し、労働者派遣契約書に記載しておくことが望ましいといえます。

［ケース13］ テレワーク専門職種の有期契約社員を採用する場合は

当社では、新型コロナウイルス感染防止のため、来年度は、テレワーク専門職種の有期契約社員を採用したいと考えていますが、どのような対応が必要でしょうか。

◆ポイント◆

有期契約社員であっても、採用に際して、契約期間、就業場所、更新の有無及びその基準等、労働条件を明示しなければならないことは、正規雇用労働者の採用と同じです。特にテレワーク専門職種として採用する場合には、「就業場所」の明示に注意が必要です。また、同一労働同一賃金の観点から、テレワーク専門職種であることのみを理由として正規雇用労働者と待遇差を設けていないかにも注意が必要です。

1 「契約期間」「就業場所」等の明示

有期契約社員を採用する際には、労働契約締結に際し、契約期間、就業場所、更新の有無及びその基準等、労働条件を明示しなければならないとされています（労基15、労基則5）。したがって、テレワーク専門職種の有期契約社員を採用するに当たっては、労働契約期間に加え、就業場所を自宅やサテライトオフィス等とする旨労働条件通知書に明示する必要があります。

なお、明示の方法としては、これまでの書面の交付に加え、平成31年4月から、従業員が希望した場合には、ファクシミリや電子メール等を利用することも可能となっています。

2 「契約期間」の明示

有期契約社員に対する労働条件通知書の「契約期間」の規定例は、以下のとおりです。

【労働条件通知書】 DL

契約期間	期間の定めなし・期間の定めあり（令和○年○月○日～令和○年○月○日）
	1 契約の更新の有無
	［自動的に更新する・更新する場合があり得る・契約の更新はしない・その他（　　　　　　　　　）］
	2 契約の更新は次により判断する。
	［契約期間満了時の業務量・勤務成績、態度・能力・会社の経営状況・従事している業務の進捗状況・その他（　　　　　　　　　）］

＜作成上のポイント＞

有期雇用契約における更新の有無及びその判断基準については、その継続・終了に関する予測可能性と納得性を高めて紛争を防止するため、書面の交付により明示しなければなりません。

上記の規定例は、「更新の有無」について「更新する場合があり得る」として、会社（派遣元事業主）が更新の有無を判断する場合を参考として挙げています。このように更新を認める場合には、その判断基準も明示しなければならない点に注意が必要です。上記の規定例では、参考として「勤務成績、態度」、「能力」、「会社の経営状況」が挙げられていますが、会社の事情に応じてその基準を設けることとなります。

3　「就業場所」の明示

(1)　テレワーク専門職種の有期契約社員の就業場所を自宅とする場合

テレワーク専門職種の従業員の場合、その就業場所は、会社の事業所ではなく、従業員の自宅やサテライトオフィス等になります。したがって、テレワーク専門職種の有期契約社員を採用する場合には、具体的な就業場所の明示の仕方についても注意する必要があります。

例えば、「就業場所」を有期契約社員の自宅とする場合、以下のように、労働条件通知書の就業場所欄には「従業員の自宅」と記載します。この場合、個人情報保護の観点から、「従業員の自宅」と記載すれば足り、従業員の自宅の具体的な住所まで記載する必要はありません。

【労働条件通知書】　DL

就業の場所	従業員の自宅

(2)　テレワーク専門職種の有期契約社員の就業場所を自宅に準じる場所とする場合

「就業場所」を有期契約社員の自宅に準じる場所、例えばサテライトオフィスなどとする場合には、以下のように記載します。

【労働条件通知書】　DL

就業の場所	所属事業場以外の会社専用施設（専用型オフィス）又は会社が契約（指定）している他会社所有の施設（共用型オフィス）のうち、従業員が希望する場所

(3) テレワーク専門職種の有期契約社員を出社させる場合

テレワーク専門職種として採用した有期契約社員であっても、事業所へ出社して就業させることが想定される場合には、あらかじめそれを念頭に労働条件を明示しておく必要があります。

【労働条件通知書】 DL

就業の場所	従業員の自宅 ただし、業務上の必要が生じた場合には、○○株式会社○○支社○○課○○係での週1～2日程度の就業あり

＜作成上のポイント＞

テレワーク専門職種の従業員を事業所へ出社して就業させることが想定される場合、「就業場所」として会社の事業所を明示するだけでなく、どのような場合に、どの程度、出社による就業を行うかをできるだけ具体的に明示しておくのが望ましいといえます。

例えば、テレワークによる就業を基本としつつ、業務上の必要性に鑑みて週1回程度は事業所へ出社して就業させる場合、上記規定例のように記載しておくのが望ましいです。

4 同一労働同一賃金との関係

短時間労働者及び有期雇用労働者の雇用管理の改善等に関する法律（パート有期法）により、有期雇用労働者を含む非正規雇用労働者と正規雇用労働者との間における不合理な待遇差は禁止されています。

テレワーク専門職種、かつ、有期契約社員を採用する際には、テレワーク専門職種であることや有期契約社員であることのみを理由として、正規雇用労働者と待遇差を設けていないか、その差が不合理なも

のではないかなどに注意する必要があります。

　基本給、賞与、各種手当といった賃金だけでなく、福利厚生や教育訓練についても、不合理な待遇差が設けられていないか注意する必要があります。

　具体的には、厚生労働省の「同一労働同一賃金ガイドライン」（短時間・有期雇用労働者及び派遣労働者に対する不合理な待遇の禁止等に関する指針）（平30・12・28厚労告430）が、典型的な事例について、問題とならない事例・問題となる事例という形で具体例を示しており参考になります。

アドバイス

　テレワーク専門職種として採用する場合、労働条件通知書への明示は当然のことながら、実際に、その従業員とのコミュニケーションや労務管理が支障なく行える環境を整備することが必要になります。

　また、テレワーク専門職種であることや有期契約社員であることのみを理由として、正規雇用労働者と待遇差を設けていないかなどにも注意する必要があります。

第2　労働時間に関する規定

1　労働時間管理

[ケース14]　時差通勤を導入する場合は

> 　当社では、従業員の新型コロナウイルス感染症対策のために、時差通勤の導入を考えています。時差通勤にはどのような種類があるでしょうか。また、就業規則の変更等、どのような点に注意して対応する必要があるでしょうか。

◆ポイント◆

> 　新型コロナウイルスの感染が拡大する中、会社は従業員を感染のリスクから守らなければなりません。通勤時間帯の混雑は、新型コロナウイルスへの感染リスクを高めるものであることから、時差通勤を導入することは従業員の感染防止に有効といえます。仮に、一斉の時差通勤を導入しないとしても、個々の従業員からの時差通勤に対する要請について対応できるように就業規則を定めることが必要となります。

1　対象範囲の全従業員に対する時差通勤を一斉に導入する場合

　時差通勤とは、従業員の1日当たりの労働時間を変更することなく、始業時刻、終業時刻を変更するものです。

　満員電車など通勤時間帯の混雑は、従業員の新型コロナウイルスへの感染リスクを増大させます。テレワークの利用等により従業員の会社への通勤を抑制することが推奨されていますが、業種によっては、

必ずしもテレワークの利用等による出社制限が馴染まない場合もあります。従業員が会社に通勤せざるを得ない場合、時差通勤は、通勤時間帯の混雑を回避して、感染リスクを低減させる有効な手段となります。政府の新型コロナウイルス感染対策本部により示された「新型コロナウイルス感染症対策の基本的対処方針」においても、テレワークと並び時差通勤が推奨されています。

　時差通勤については、従業員が各自の判断において始業時刻よりも早く出勤するなど、自主的に実施されることも考えられます。しかし、従業員が自主的に早朝出勤をしたとしても、終業時刻は当然には繰り上がりません。その結果、早朝出勤をした従業員の労働時間は、必然的に長時間となり、時間外労働に関する労働基準法の規制に違反するなどのおそれが生じます。このようなリスクを回避するためにも、時差通勤については、制度として導入することが望ましいでしょう。

　時差通勤の導入に当たっては、対象となる従業員の始業時刻、終業時刻を変更することとなります。もっとも、始業時刻、終業時刻は、労働契約によって定められた労働条件であるため、会社が、一方的に変更することは許されません。会社が始業時刻、終業時刻を変更する場合には、従業員との間で、合意が必要となります（労契8）。

　時差通勤を導入する場合においても、従業員との間で、時差通勤を前提とした始業時刻、終業時刻について、改めて、合意をする必要があります。

　このように各従業員との個別の合意によることも可能ですが、有事に従業員一人一人と協議の上合意をすることは現実的ではありません。このような場合に備えて、従業員との個別の合意によることなく、一定の対象者に対して、一斉に時差通勤を導入できるように、就業規則に以下のような規定を盛り込む方法が考えられます。

【就業規則】 DL

> （始業時刻、終業時刻）
>
> 第○条 会社の始業時刻、終業時刻、及び休憩時間は以下のとおりとする。ただし、業務の都合のほか、事業所の所在地に緊急事態宣言あるいは新型コロナウイルス感染症まん延防止等重点措置の対象地域として指定されるなど新型コロナウイルス感染症対策を実施することが相当である等のやむを得ない事情がある場合には、これを繰り上げ、又は繰り下げることがある。
>
> (1) 始業時刻 午前○時○分
>
> (2) 終業時刻 午後○時○分
>
> (3) 休憩時間 午後○時○分から午後○時○分まで

＜作成上のポイント＞

就業規則に、「業務の都合その他やむを得ない事情により、始業時刻、終業時刻を繰り上げ、又は繰り下げることがある」との規定が盛り込まれていることは珍しくありません。このような規定がある場合には、「その他やむを得ない事情」に該当する事由さえあれば、会社は、従業員に対して、時差通勤を命じることができます。

もっとも、恒久的に時差通勤を実施する場合には、時差通勤を前提とした始業時刻、終業時刻についても就業規則に明記する必要があります。

また、一時的に時差通勤を実施する場合であっても、新型コロナウイルスの感染症対策が、「その他やむを得ない事情」に該当するか否かについては更なる検討が必要です。

時差通勤の導入については、政府からも強く推奨されており、新型コロナウイルス感染症対策は、企業を含む国民全体の課題といえます。他方、時差通勤には、従業員を感染から守るという目的もあります。この観点からは、新型コロナウイルス感染症対策が、当該従業員の意向を勘案せずに、会社において一方的に始業時刻、終業時刻を繰り上げ、又は繰り下げるべ

き「その他やむを得ない事情」に当たるとまでいえるかについては疑問の残るところです。

　このような疑問を払拭すべく、始業時刻、終業時刻を繰り上げ、又は繰り下げる条件について、単に「業務の都合その他やむを得ない事情」として抽象的に規定するのではなく、新型コロナウイルス感染症対策を実施することが相当である場合を具体的に規定します。

2　対象範囲の従業員のうち申請者の時差通勤を認める場合

　使用者は、「労働者が労務提供のために設置する場所、設備若しくは器具等を使用し又は使用者の指示の下に労務を提供する過程において、労働者の生命及び身体等を危険から保護する義務」を負っています（最判昭59・4・10判時1116・33）。よって、会社には、新型コロナウイルス感染症が全国的に拡大する状況下において、従業員を感染から守るために適切な措置をとる義務があります。

　会社として一斉の時差通勤を実施しないとしても、会社が個々の従業員からの時差通勤の要請について合理的な理由もなく拒絶した場合には安全配慮義務違反を問われることもあり得ます。

　このような場合に備えて、個々の従業員からの時差通勤の申請を認める規定を就業規則に定めておくことが有効です。

【就業規則】 （DL）

（時差通勤制度）

第〇条　従業員は、所定の書面により申請を行い、会社が認めた場合、時差通勤をすることができる。

2　時差通勤は、1日単位で利用できるものとし、原則として時差通勤を開始する予定日の〇日前までに所属長に申請しなければならない。

　3　時差通勤時の始業時刻、終業時刻は、以下から選択すること
　　ができる。
　(1)　始業時刻　午前○時○分
　　　　終業時刻　午後○時○分
　(2)　始業時刻　午前○時○分
　　　　終業時刻　午後○時○分

＜作成上のポイント＞

　使用者には労働時間を適正に把握する責務があります（厚生労働省「労働時間の適正な把握のために使用者が講ずべき措置に関するガイドライン」（平成29年1月20日策定））。したがって、時差通勤の申請については、開始しようとする日や終了しようとする日を記載内容とする会社の所定の文書によるべきものと規定すべきです。

　また、従業員から一斉に時差通勤の申請がされることにも配慮し、時差通勤時の始業時刻、終業時刻をパターン化した上でシフトとして定めておく方法や、就業時間を一定時間分だけ繰り上げ・繰り下げるなどの方法が勤怠管理の観点からも有効といえます。

アドバイス

1　非正規社員の取扱い

　新型コロナウイルス感染症対策として時差通勤を導入する目的は、従業員を新型コロナウイルスの感染から守ることにあり、時差通勤を導入することは、会社の従業員に対する安全配慮義務の履行の一態様といえます。

　雇用形態による不合理な待遇の相違は禁止されているところ、新型コロナウイルス感染症対策において雇用形態の違いは、待遇について差異を設ける上での合理的な理由にはなり得ません。

　よって、正規社員について時差通勤を認め、非正規社員について認め

ないことは、「短時間労働者及び有期雇用労働者の雇用管理の改善等に
関する法律」が規定する不合理な待遇の禁止（パート有期8・9）に違反す
ることになるので注意が必要です。

2　労働時間の短縮に伴う賃金の減額

　始業時刻のみを遅くし、又は終業時刻のみを早くしたことにより、労
働時間が短縮したとしても、これに伴って、当然に短縮した時間に相当
する賃金の減額が認められるわけではありません。従業員の賃金を減額
するためには、従業員による個別の同意を要します。

　もっとも、賃金を変更する旨の同意は、従業員にとって非常に重要な
ものです。そのため、賃金の変更に対する従業員の同意の有無について
は、①当該変更により労働者にもたらされる不利益の内容及び程度、②
労働者により当該行為がされるに至った経緯及びその態様、③当該行為
に先立つ労働者への情報提供又は説明の内容等に照らして、労働者の合
意が自由な意思に基づいてされたものと認めるに足りる合理的な理由が
客観的に存在するか否かの観点から判断されるものとされています（最
判平28・2・19判時2313・119）。

　よって、時差通勤により短縮した労働時間に応じて賃金を減額すると
しても、会社は、従業員に対して十分な情報提供を実施し、従業員との
間で協議を尽くし、意思決定のための時間を設けた上で、書面によって
同意を取り付けるなど、丁寧かつ慎重な対応が求められることとなりま
す。

　このような事態に備えるべく、従業員の所定労働時間を短縮した場合
の給与について、「育児・介護休業規程」の短時間勤務措置における給与
の取扱いに準じるなどと規定することも検討されるとよいでしょう。

参考書式

○時差通勤申請書 DL

時差通勤申請書

申請日：令和○年○月○日

○○株式会社
代表取締役　○○○○殿

所属：○○部○○課
氏名：○○○○　㊞

　私は、就業規則第○条の規定に基づき、次のとおり時差通勤を申請します。

1　時差通勤の時間
　☑始業時刻　午前○時○分　　終業時刻　午後○時○分
　□始業時刻　午前○時○分　　終業時刻　午後○時○分
2　時差通勤の期間
　令和○年○月○日から令和○年○月○日まで

［ケース15］ フレックスタイム制を導入あるいは停止する場合は

当社では、従業員の新型コロナウイルス感染防止のため、フレックスタイム制の導入を考えています。どのような点に注意して対応する必要があるでしょうか。また、フレックスタイム制を採用した場合でも、一斉の時差通勤を導入することはできるでしょうか。

◆ポイント◆

フレックスタイム制は、従業員に始業時刻・終業時刻の決定権を委ねる制度です。フレックスタイム制の下では従業員の判断により通勤時間帯の混雑を避けることも可能となるため、従業員の新型コロナウイルスへの感染防止に有効です。もっとも、フレックスタイム制が導入されている場合、会社が一方的に従業員の始業時刻・終業時刻を決定することはできません。そのため、一斉の時差通勤を導入しようという場合には、フレックスタイム制を停止する必要が生じます。

1 フレックスタイム制を導入する場合

フレックスタイム制とは、一定の期間についてあらかじめ定められた総労働時間数を下回らない範囲で、労働者が始業時刻・終業時刻を自由に決められる制度です（労基32の2）。法定労働時間を不規則に配分する制度の一つですが、始業時刻・終業時刻があらかじめ定められている変形労働時間制とは異なります。

　フレックスタイム制は、従業員が育児や介護をはじめとしたそれぞれの生活の状況に応じて働くことを実現する制度であり、ワークライフバランスの向上に有効活用されています。もっとも、新型コロナウイルス感染拡大の影響によって、混雑した時間帯における通勤を避けるように注意喚起がされているところ、フレックスタイム制の下では、従業員が、通勤経路における混雑状況に応じて、始業時刻・終業時刻を調整できるという点で、従業員を新型コロナウイルスの感染から守る一つの手段としても有効です。また、テレワークと併せて導入することで、従業員のニーズや業務実態に応じて、オフィス勤務の日は労働時間を長くする代わりに、在宅勤務の日を短くして育児や介護のための時間を増やすといった運用も可能となります。

　フレックスタイム制を導入するためには、就業規則等において、始業時刻・終業時刻について従業員の決定に委ねることを定める必要があります。これと併せて、労使協定（当該事業場に、労働者の過半数で組織する労働組合があるときはその労働組合、労働者の過半数で組織する労働組合がないときは労働者の過半数を代表する者との書面による協定）によって、①対象となる労働者の範囲、②清算期間、③清算期間における総労働時間、④標準となる1日の労働時間を定めなければなりません（労基32の3、労基則12の3①一）。なお、フレックスタイム制を導入するに当たっては、従業員が必ず働かなければならない時間帯（コアタイム）と、従業員が働く時間を自由に決定できる時間帯（フレキシブルタイム）を定めることもできます。

　また、フレックスタイム制における清算期間の上限は、平成31年4月施行の改正労働基準法により、1か月から3か月に延長されましたが（労基32の3）、清算期間が1か月を超える場合には、労使協定を所管の労働基準監督署長に届け出ることが必要とされています。

【就業規則】 DL

> （適用従業員の範囲）
> 第〇条 第〇条の規定にかかわらず、〇〇部に所属する従業員に
> フレックスタイム制を適用する。
> （清算期間及び総労働時間）
> 第〇条 清算期間は〇か月間とし、毎月〇日を起算日とする。
> 2 清算期間中に労働すべき総労働時間は、〇〇時間とする。
> （標準労働時間）
> 第〇条 標準となる1日の労働時間は、〇時間とする。
> （始業時刻、終業時刻、フレキシブルタイム及びコアタイム）
> 第〇条 フレックスタイム制が適用される従業員の始業時刻及び
> 終業時刻については、従業員の自主的な決定に委ねるものとす
> る。ただし、始業時刻につき従業員の自主的な決定に委ねる時
> 間帯は、午前〇時〇分から午前〇時〇分までの間、終業時刻に
> つき従業員の自主的な決定に委ねる時間帯は、午後〇時〇分か
> ら午後〇時〇分までの間とする。
> 2 午前〇時〇分から午後〇時〇分までの間（午後〇時〇分から
> 午後〇時〇分までの休憩時間を除く。）については、所属長の承
> 認のない限り、所定の労働に従事しなければならない。
> （その他）
> 第〇条 前条に掲げる事項以外については労使で協議する。

＜作成上のポイント＞

　まず、適用従業員の範囲として、フレックスタイム制の対象となる従業員の範囲を定めます。全従業員とするほか、部や課ごとといったように限定することもできます。

　次に、清算期間及び労働時間として、フレックスタイム制において従業

員が労働すべき時間を定める期間（清算期間）、及び従業員が清算期間にお
いて労働すべき総労働時間（所定労働時間）を定めます。清算期間につい
ては、3か月以内の一定の期間を定めた上で、その起算日を定めることとな
ります。また、総労働時間については、清算期間を平均して1週間当たりの
労働時間が40時間以内（労基32①）（特例措置対象事業者の場合、44時間以
内（労基則25の2①））となるようにしなければなりません。

　さらに、標準となる1日の労働時間として、年次有給休暇を取得した際の
賃金の算定基礎とすべき労働時間を定めます。

　これらに加えて、従業員が1日のうちで必ず働かなければならない時間
帯であるコアタイム、及び従業員が自らの選択によって労働時間を決定す
ることができるフレキシブルタイムを定めることもできます。コアタイム
については、開始時刻及び終了時刻を規定することで特定します。なお、
コアタイムを設ける日とコアタイムを設けない日を規定することも可能で
あるほか、日によって異なる時間帯を定めることも認められています。ま
た、フレキシブルタイムの時間帯についても、労使協定により自由に定め
ることができます。もっとも、コアタイムの時間が1日の労働時間とほぼ
同程度となる場合や、フレキシブルタイムの時間帯が極端に短い場合のよ
うに、実質的には始業時刻・終業時刻に関する決定が従業員に委ねられて
いるとはいえないような場合には、フレックスタイム制とはいえないため、
コアタイム及びフレキシブルタイムを規定する場合には注意が必要です。

2　フレックスタイム制を停止する場合

　フレックスタイム制は、従業員が始業時刻・終業時刻を自由に決定
するということを趣旨とする制度です。そのため、フレックスタイム
制の下では、会社は、従業員の始業時刻や終業時刻を指定することが
できません。

　フレックスタイム制は、新型コロナウイルス感染症対策としても推
奨されており、有効な手段の一つであることは間違いはありません（令
2・3・17発基0317第17、厚生労働省「新型コロナウイルスに関するQ＆A（企業の
方向け）（令和4年1月26日時点版）」2－問3参照）。しかし、新型コロナウイル

ス感染症対策として一斉時差通勤等の措置を講じようという場合には、フレックスタイム制が障害となってより良い対策を講じることができない場面も生じ得ます。

　したがって、新型コロナウイルス感染症対策に必要となった場合にはフレックスタイム制の適用を停止することについて労使間において協定した上で、就業規則等に規定しておくことについても検討しておくべきでしょう。

【就業規則】 DL

（フレックスタイム制の適用を停止する場合の清算）
第〇条　対象期間中に、新型コロナウイルス感染症対策のため、計画どおりにフレックスタイム制を実施することが困難となった場合は、労働組合（当該事業場に、従業員の過半数で組織する労働組合がないときは従業員の過半数を代表する者）との書面による協定によって、フレックスタイム制の適用を停止することができる。
　2　前項によりフレックスタイム制の適用を停止する場合には、会社は、フレックスタイム制の適用が停止されるまでの期間を平均し、1週当たり40時間を超えて労働させた場合の当該超えた時間（労働基準法第33条又は第36条第1項の規定により延長し、又は休日に労働させた時間を除く。）について、従業員に対し、通常の賃金の計算額の2割5分の率で計算した割増賃金を支払うものとする。

＜作成上のポイント＞

　新型コロナウイルス感染症の対策に伴いフレックスタイム制の適用が困難となった場合に、労使協定によりその適用を停止することができる旨を明記します。

　もっとも、フレックスタイム制の適用が停止されるまでの期間を平均し、

既に、1週当たり40時間を超えて労働した従業員には、フレックスタイム制の適用の停止によって不利益が生じます。

　このような不利益が生じないように、割増賃金の支払等による清算に関する規定を盛り込むことも必要となるでしょう。

アドバイス

1　コアタイム以外の時間帯での就労を命じる場合

　フレックスタイム制は、あくまで従業員が始業時刻・終業時刻について決定権を有していることが前提とされています。そのため、会社が、従業員に対して、一方的にコアタイム以外の時間帯に就労することを命じることは認められません。

　コアタイム以外の時間帯に就労を命じなければならない事態が生じた場合には、従業員から個別の同意を得る必要があります。

2　清算期間が1か月を超える場合の時間外労働時間の取扱い

　フレックスタイム制の下でも従業員に時間外労働させる場合には、三六協定を締結し、所轄労働基準監督署へ届け出る必要があります。

　もっとも、フレックスタイム制の下では、労働時間が1日8時間、週40時間という法定労働時間を超過しても、直ちに時間外労働時間とはなりません。

　フレックスタイム制における時間外労働時間とは、①1か月ごとに週平均50時間を超えた労働時間、及び②清算期間における法定労働時間の総枠を超えた労働時間（①を除きます。）のことをいいます（労基32の3①②）。

　よって、会社が、従業員に、①及び②の労働時間に労働させる場合には、三六協定の締結及び届出が必要であるとともに、時間外労働については割増賃金を支払う必要があります。

　なお、フレックスタイム制の下でも、会社は、厚生労働省「労働時間の適正な把握のために使用者が講ずべき措置に関するガイドライン」（平成29年1月20日策定）に基づいて、各従業員の労働時間を把握しなければなりません。

［ケース16］　変形労働時間制を導入あるいは解約する場合は

　　当社では、新型コロナウイルス感染防止のため、1年以内を単位とする変形労働時間制の導入を考えていますが、どのような点に注意が必要でしょうか。また、変形労働時間制を対象期間の途中で解約することはできるのでしょうか。

◆ポイント◆

　　新型コロナウイルス感染拡大の影響によって、様々な業種に営業の自粛や縮小が要請されています。これに伴い、会社が一定期間内における労働時間の調整をすべく、労使協定を締結した上で、変形労働時間制を導入すること、あるいは既に導入している変形労働時間制を解約することが可能です。

1　1年以内を単位とする変形労働時間制を導入する場合

　法定労働時間の原則は、1週40時間、1日8時間とされています（労基32①②）。しかし、労働基準法が一切の例外を認めていないわけではなく、一定の要件の下では法定労働時間の例外についても認めています。この例外のうちの一態様に、変形労働時間制という制度があります。

　変形労働時間制とは、一定期間を一単位として、その期間内の1週の平均労働時間が40時間を超えなければ、労働基準法違反とはみなさないという制度です。変形労働時間制には、1か月以内を単位とするもの（労基32の2）と、1年以内を単位とするもの（労基32の4）があります。

　変形労働時間制は、通常は、業務の繁閑に応じて労働時間を調整するなど、企業経営上の便宜のために利用されています。もっとも、新型コロナウイルス感染拡大の影響によって、事業活動の縮小や人手不

足などを理由に、一定期間内における労働時間の調整を余儀なくされ
ることも生じ得るでしょう。このような場合には、変形労働時間制の
導入が有効な手段の一つとなります。

　変形労働時間制は、本来、規則的に定められている労働時間を不規
則化するものであり、従業員の生活に重大な影響を与えるものです。
そのため、1か月以内を単位とする変形労働時間制の場合には、その制
度の内容を労使協定（当該事業場に、労働者の過半数で組織する労働
組合があるときはその労働組合、労働者の過半数で組織する労働組合
がないときは労働者の過半数を代表する者との書面による協定）のほ
か、就業規則その他これに準ずるものによって定めることで足ります
が（労基32の2）、1か月を超えて1年以内を単位とする変形労働時間制を
導入する場合には、その制度の内容を労使協定によって定めた上で、
これを労働基準監督署に届け出なければなりません（労基32の4）。

　労使協定においては、以下のような内容を規定することとなります。

【労使協定】　DL

　（対象期間）
第1条　所定労働時間は、○か月（又は1年）単位の変形労働時間
　　　制によるものとし、起算日から○か月（又は1年）を平均して週
　　　40時間を超えないものとする。
　（起算日）
第2条　対象期間の起算日は、令和○年○月○日とする。
　（労働時間）
第3条　1日の所定労働時間、並びに始業時刻、終業時刻、及び休
　　　憩時間は次のとおりとする。
　　（1）　○月、○月
　　　　所定労働時間　○時間○分（1日当たり）

　　始業時刻　午前○時○分

　　終業時刻　午後○時○分

　　休憩時間　午後○時○分から午後○時○分まで

　(2)　前号以外の各月（○月、○月…）

　　所定労働時間　○時間○分（1日当たり）

　　始業時刻　午前○時○分

　　終業時刻　午後○時○分

　　休憩時間　午後○時○分から午後○時○分まで

（休日）

第4条　休日は別紙カレンダー〔略〕のとおりとする。

（特定期間）

第5条　特定期間は次のとおりとする。

　○月○日から○月○日まで

（適用従業員の範囲）

第6条　次のいずれかに該当する従業員を除き、○○部に所属する従業員には本協定による変形労働時間制を適用する。

　(1)　18歳未満の年少者

　(2)　妊娠中又は産後1年を経過しない女性従業員のうち、本制度の適用免除を申し出た者

　(3)　育児や介護を行う従業員、職業訓練又は教育を受ける従業員その他特別の配慮を要する従業員に該当する者のうち、本制度の適用免除を申し出た者

（解約の場合の清算）

第7条　対象期間中に、新型コロナウイルス感染症対策のため、計画どおりに変形労働時間制を実施することが困難となった場合は、労働組合（当該事業場に、従業員の過半数で組織する労働組合がないときは従業員の過半数を代表する者）との合意に

　　より本協定を解約することができる。

　2　　前項により本協定を解約する場合には、会社は、労使協定の
　　解約までの期間を平均し、1週当たり40時間を超えて労働させ
　　た場合の当該超えた時間（労働基準法第33条又は第36条第1項
　　の規定により延長し、又は休日に労働させた時間を除く。）につ
　　いて、従業員に対し、通常の賃金の計算額の2割5分の率で計算
　　した割増賃金を支払うものとする。

（有効期間）

第8条　本協定の有効期間は起算日から1年間とする。

＜作成上のポイント＞

　第1条において、対象期間として1か月を超えて1年を超えない対象期間
を規定し、第2条において、その起算日を定めます。

　第3条及び第4条において、労働日及び労働日ごとの労働時間を規定しま
す。この際、労働日と労働日ごとの労働時間については、1週の平均労働時
間が40時間を超えないように規定する必要があります。なお、始業時刻及
び終業時刻は、あらかじめ定めておくことが必要であり、労働時間がその
都度決められるような制度は違法とされています（昭63・1・1基発1・婦発
1）。

　第5条において、特に繁忙な時期を特定期間として定めます。連続勤務
日数は原則として6日までですが、特定期間中は連続勤務日数を最長12日
間とすることができます。

　第6条において、対象となる従業員の範囲を規定します。なお、変形労働
時間制の対象となる従業員の範囲を定めるに当たっては、妊産婦について
の適用制限（労基66①）のほか、育児を行う者、高齢者等の介護を行う者、
職業訓練又は教育を受ける者その他特別の配慮を要する者について、これ
らの者がそれぞれ必要な時間を確保できるように配慮すべきこと（労基則
12の6）に注意が必要です。

　第7条において新型コロナウイルス感染症対策のために協定を解約する

際の清算条項を規定します。変形労働時間制は、労使の合意があったとして
も、対象期間の途中で労使協定を解約することができません。しかし、
以下のとおり、例外的に新型コロナウイルス感染症対策に伴う変形労働時
間制の労使協定の解約については認められるとされています（令2・3・17発
基0317第17）。そのため、新型コロナウイルス感染症対策に伴う解約につい
て明示するとともに、その際の清算についても規定します。

　第8条において労使協定の有効期間について規定します。

2　変形労働時間制を中止する場合

　1年以内を単位とする変形労働時間制は、対象期間中の業務の繁閑
に計画的に対応するための制度です。そのため、仮に、労使において
合意があったとしても、対象期間の途中で、その適用を中止すること
はできません。

　しかし、新型コロナウイルス感染症の影響により、全国的に特定の
業種に対する営業規制や、規模の縮小等の要請がなされていることか
ら、当初の計画どおりに変形労働時間制を実施することが困難となる
ことも少なくありません。そのため、特例として、新型コロナウイル
ス感染症対策に伴う変形労働時間制を解約することが認められていま
す（令2・3・17発基0317第17、厚生労働省「新型コロナウイルスに関するＱ＆Ａ
（企業の方向け）（令和4年1月26日時点版）」5―問1参照）。

　もっとも、この場合も、一定の要件を充足することが必要となりま
す。

　新型コロナウイルス感染症対策のために労使協定の解約が認められ
る事業場は、①新型コロナウイルス感染症の対策を行う期間を対象期
間に含む変形労働時間制を実施している事業場であり、②新型コロナ
ウイルス感染症の対策が求められていることに伴い当初の計画どおり

に変形労働時間制を実施することが著しく困難になったために、新型コロナウイルス感染症の対策を行う期間における労働日等の変更を行う等の一定の対応を実施する事業場に限られます。

　また、解約に当たっては、当該事業場に、労働者の過半数で組織する労働組合があるときはその労働組合、労働者の過半数で組織する労働組合がないときは労働者の過半数を代表する者との合意が必要となります。

　さらに、労使協定を解約した後に、新たに労使協定を締結する場合には、労使協定に、再び、新型コロナウイルス感染症の対策に伴い協定を解約する際の清算条項として、以下のような規定を盛り込むことが推奨されています。

【労使協定】　DL

　（解約の場合の清算）
　第○条　対象期間中に、新型コロナウイルス感染症対策のため、計画どおりに変形労働時間制を実施することが困難となった場合は、労働組合（当該事業場に、従業員の過半数で組織する労働組合がないときは従業員の過半数を代表する者）との合意により本協定を解約することができる。
　2　前項により本協定を解約する場合には、会社は、労使協定の解約までの期間を平均し、1週当たり40時間を超えて労働させた場合の当該超えた時間（労働基準法第33条又は第36条第1項の規定により延長し、又は休日に労働させた時間を除く。）について、従業員に対し、通常の賃金の計算額の2割5分の率で計算した割増賃金を支払うものとする。

＜作成上のポイント＞

　新型コロナウイルス感染症の対策に伴い、再び、労使協定を解約することができることを明記します。

　また、労使協定の解約が従業員にとって不利になることのないように、割増賃金の支払等による賃金の清算が必要となるため、清算規定を盛り込むこととなります。

アドバイス

1　変形労働時間制における時間外労働の考え方

　変形労働時間制の下でも、時間外労働があった場合には、これに応じた割増賃金を支払う必要があるため注意が必要です。変形労働時間制における時間外労働が発生するケースは、以下のとおりとなります。

① 　1日を一単位としてみた場合

　　8時間を超える所定労働時間を定めた日はその所定労働時間、それ以外の日は8時間をそれぞれ超えて労働させた時間

② 　1週間を一単位としてみた場合

　　40時間を超える所定労働時間を定めた週はその所定労働時間、それ以外の週は40時間をそれぞれ超えて労働させた時間（①の時間外労働時間を除きます。）

③ 　対象期間を一単位としてみた場合

　　40時間に対象期間の週数を乗じた時間を超えて労働させた時間（①及び②の時間外労働時間を除きます。）

2　変形労働時間制を解約した場合の清算

　労使協定が途中で解約された場合、解約までの期間の週平均労働時間によっては、実質的には、時間外労働に当たるにもかかわらず、割増賃金が支払われないという事態が生じ得ます。

　よって、労使協定の解約までの期間を平均して、1週間当たり40時間を超えて労働させた場合には、その超えた時間について割増賃金を支払う

等、会社は、労使協定の解約により従業員に不利益が生じないように対処する必要があります。

　なお、これは、あくまでも、従業員に生じる不利益を是正することを目的とするものであり、解約までの期間の実際の週平均労働時間が、解約された変形労働時間制の期間全体における週平均労働時間を下回っていたとしても、その下回った時間数に応じて賃金を差し引くことは認められません。

3　解約後の期間における労働時間の取扱い

　解約までの期間における所定労働時間が週平均40時間を超える場合、これを時間外労働時間として取り扱わないと、実質的にみて、従業員は長時間労働を強いられることとなり、時間外労働時間に関する限度時間の定め（労基36③）の趣旨を没却しかねません。

　したがって、解約までの期間における所定労働時間が1週間当たり40時間を超える場合には、その超えた時間についても時間外労働に相当するとした上で、解約までの期間における時間外労働と、解約後の期間における実際の時間外労働との合計が、時間外労働に関する限度時間の定めを超えることのないようにする必要があります。

2 テレワークの労働時間管理

[ケース17] テレワークにおいて適切に労働時間を管理する
場合は

当社では、新型コロナウイルス感染防止のためにテレワークを導入しましたが、従業員が所定の始業・終業時刻を守り、所定の休憩時間を取っているのか、労働時間の管理が難しいと感じています。テレワークの労働時間を適切に管理するための方法としてはどのようなことが考えられますか。

◆ポイント◆

テレワークであっても従業員の労働時間管理は必要です。労働時間管理に当たっては、大きく分けて客観的な記録による把握と従業員からの自己申告による把握の2つの方法がありますが、後者により労働時間を把握する場合は就業規則などでルールを定めておくことが重要です。

1 労働時間の把握・管理義務

労働基準法は、会社による労働時間の把握・管理の方法について具体的な規定を置いていませんが（なお、労働関係等に関する重要な書類としてタイムカード等については5年間の保存義務があります（労基109、西谷敏ほか編『新基本法コンメンタール労働基準法・労働契約法』313頁（日本評論社、第2版、2020））。）、いわゆるサービス残業や長時間労働が社会問題化したため、平成13年に労働基準局通達として、会社に労働時間を適正に把握する義務があることを前提に「労働時間の適正な把握のために使用者が講ずべき措置に関する基準」（平13・4・6基発339）（なお、平成29年1月20日基発0120第3号により「労働時間の適正な把握のため

に使用者が講ずべき措置に関するガイドライン」に改称されています。以下「適正把握ガイドライン」といいます。）が発出されました。

　その後、平成30年の働き方改革関連法では、会社の労働時間を適正に把握する義務の位置付けについて、賃金不払対策から従業員の健康保持を目的とするものに改められるとともに、労働安全衛生法に根拠規定を置くことで（労安衛66の8の3）、労働時間を把握する義務は通達に基づく責務から法律上の義務となりました（水町勇一郎『詳解労働法』655・656頁（東京大学出版会、2019））。この労働安全衛生法66条の8の3では、使用者は厚生労働省令で定める方法により労働時間の状況を把握しなければならないとされ、これを受けた厚生労働省令ではタイムカードによる記録、パーソナルコンピュータ等の電子計算機の使用時間の記録等の客観的な方法その他の適切な方法により労働時間を把握しなければならないと規定されています（労安衛則52の7の3）。

　ここで、労働安全衛生法66条の8の3による労働時間の把握義務は、同条に基づく医師の面接指導をするために労働時間を把握するものであって、いわゆる時間外労働などの労働基準法における労働時間を把握するためのものではありません。そのため、労働基準法41条の2第1項に規定する業務に従事する労働者を除き、時間外労働に係る割増賃金の支払の対象とはなっていない管理監督者や事業場外のみなし労働時間制の適用者などについても労働時間の状況を把握する必要があります（水町・前掲656頁、佐々木宗啓ほか『類型別労働関係訴訟の実務Ⅰ』173・174頁（青林書院、改訂版、2021））。

2　テレワークにおける労働時間の把握方法

　テレワークにおける労働時間の把握については、適正把握ガイドラインも踏まえた上で、以下の方法によることが考えられます。

（1）　客観的な記録による把握

　適正把握ガイドラインにおいては、会社が労働時間を把握する原則

的な方法として、パソコンの使用時間の記録等の客観的な記録を基礎
として、始業及び終業の時刻を確認すること等が挙げられています。
そこで、従業員が情報通信機器やサテライトオフィスを使用しており、
その記録により従業員の始業及び終業の時刻を把握することが可能な
場合には、以下の方法が考えられます（「テレワークの適切な導入及び実施
の推進のためのガイドライン」（令3・3・25基発0325第2・雇均発0325第3）10頁。
以下「実施ガイドライン」といいます。）。

①　労働者がテレワークに使用する情報通信機器の使用時間の記録等
　　により、労働時間を把握すること
②　使用者が労働者の入退場の記録を把握することができるサテライ
　　トオフィスにおいてテレワークを行う場合には、サテライトオフィ
　　スへの入退場の記録等により労働時間を把握すること
　（2）　従業員の自己申告による把握
　テレワークにおいて情報通信機器を使用している場合であっても、
情報通信機器を利用しない業務が含まれるケースなど、使用時間の記
録だけでは従業員の始業及び終業の時刻を把握できない場合もあり得
ます。このような場合は、始業時刻及び終業時刻をメールや電話等に
て報告させる、勤怠管理ツールを用いるといった、従業員の自己申告
により労働時間を把握することが考えられますが（厚生労働省「テレワー
ク導入のための労務管理等Q＆A集」2−2）、会社は以下の点に留意する必
要があります（実施ガイドライン10・11頁）。

①　労働者に対して労働時間の実態を記録し、適正に自己申告を行う
　　ことなどについて十分な説明を行うことや、実際に労働時間を管理
　　する者に対して、自己申告制の適正な運用等について十分な説明を
　　行うこと
②　労働者からの自己申告により把握した労働時間が実際の労働時間
　　と合致しているか否かについて、パソコンの使用状況など客観的な
　　事実と、自己申告された始業・終業時刻との間に著しい乖離がある

　　ことを把握した場合には、所要の労働時間の補正をすること
③　自己申告できる時間外労働の時間数に上限を設けるなど、労働者
　　による労働時間の適正な申告を阻害する措置を講じてはならないこ
　　と
　　このうち、②の「パソコンの使用状況など客観的な事実と、自己申
告された始業・終業時刻との間に著しい乖離があることを把握した場
合」については、申告された時間以外の時間にメールが送信されてい
る、申告された始業・終業時刻の外で長時間パソコンが起動していた
記録がある等のケースが想定されます。

3　中抜け時間

　　テレワークにおいては、子供の送り迎えなど従業員が一定時間業務
から離れる、いわゆる中抜け時間が生じ得ます。このような中抜け時
間については、会社が業務上の指示（手待ち時間を含みます。）をせず、
従業員が労働から解放されているような場合には、労働時間に含まれ
ませんので、ノーワーク・ノーペイの原則により賃金支払義務は生じ
ません。このような中抜け時間の把握については、従業員からメール
や電話による報告をさせるなどの方法が考えられます。

4　規定の整備

　　労働時間を客観的な記録により把握する場合は、会社自身のシステ
ム構築の問題ですので就業規則などの規定の整備が不要な場合が多い
と思われますが、従業員の自己申告により労働時間を把握する場合に
おいては、従業員の協力が必要になるため、きちんとした規定の整備
が重要になります。従業員の自己申告により労働時間を把握する場合
においては、以下のように就業規則（テレワーク勤務規程）に定める
ことで、従業員に労働時間や中抜け時間の報告をさせることが考えら
れます。

【テレワーク勤務規程】　DL

（業務の開始及び終了等の報告）

第○条　在宅勤務者は、業務を開始及び終了するに当たり、業務開始時刻及び業務終了時刻について、以下のいずれかの方法により報告しなければならない。

　(1)　会社が付与したメールアドレスによる電子メールの送信

　(2)　電話

　(3)　勤怠管理ツールの入力

　(4)　前各号のほか、会社が適当であると判断した方法

2　在宅勤務者は、休憩を取得するに当たり、休憩開始時刻及び休憩終了時刻について、前項各号のいずれかの方法により報告しなければならない。

3　在宅勤務者は、業務時間中に私用のために業務を一時中断する場合は、事前に所属長に申し出て許可を得なければならない。ただし、やむを得ない事情により事前に申し出ることができなかった場合は、事後速やかに届け出なければならない。

4　前項の規定により、業務を一時中断する場合は、所属長に対し、第1項各号で定めるいずれかの方法により報告しなければならない。

＜作成上のポイント＞

　第1項では、労働時間の適正管理のため、在宅勤務者に対して、業務の開始時刻、終了時刻について、メール等の適宜の方法により報告させるものとしています。この報告について、業務をした日から長期間経過後にされても労働時間の適正な把握に支障が生じますし、業務をした当日の報告であっても業務終了後から一定時間経過後に報告がされてしまうと時間外労

働の問題が生じ得ます。そこで、業務を開始・終了するそれぞれのタイミングに報告をしてもらうようにしています。また、第1号について、会社が従業員に対しメールアドレスを付与しているような場合、それ以外のメールアドレスから報告がされてしまうと、どの従業員からの報告か分からない、複数のメールアドレスを把握・管理する手間がかかるといった事態が想定されますので、会社が付与したメールアドレスに限定しています。

　第2項では、休憩の取得についても、メール等により報告を義務付けることで、労働時間を適正に把握できるようにしています。

　在宅勤務中であっても、従業員には職務専念義務がありますし、一定の範囲で中抜けを認めるにしろ、在宅勤務者が自己の判断で自由に中抜けできてしまうと、会社の業務に支障が生じる可能性があります。そこで、第3項と第4項では、いわゆる勤務時間中の中抜けについて事前許可制を原則とした上で、中抜け前後にメール等により報告を義務付けるようにしています。

アドバイス

　従業員に労働時間を自己申告させる場合においては、前記2(2)で述べたとおり、実施ガイドラインについて注意する必要があります。特に、従業員から自己申告された始業・終業時刻とパソコンの使用状況など客観的な事実との間に著しい乖離があることを把握した場合、時間外労働に対する賃金の支払義務にも関わる可能性がありますので、会社としてもきちんと調査をする必要があります。この点、メールによる報告をさせる場合においては、所属長に対し報告するだけでなく、総務などの時間外労働に関わる業務を担当する部署も送付先に加えることも考えられます。

　また、メールにより労働時間を報告させる場合、会社側において、報告事項と報告形式を定めた統一的なフォーマットをあらかじめ用意しておくことも考えられます。

[ケース18]　テレワーク勤務対象者のみ別に労働時間を設定する場合は

　当社ではテレワークを導入するとともに、テレワーク勤務対象者には、通常勤務者とは別の労働時間を設定したいと考えています。どのような対応が必要でしょうか。

◆ポイント◆

　テレワークを導入した上、テレワーク勤務対象者のみ別に労働時間を設定する際には、就業規則などの定めが必要です。テレワーク勤務対象者の申請により柔軟に労働時間を変更することも考えられますが、場合によっては事業場外労働のみなし労働時間制やフレックスタイム制を検討することもよいでしょう。

1　所定労働時間とは

　労働契約においては、労働時間の開始時と終了時を示すものとして始業時刻及び終業時刻が定められます。また、従業員が休憩を取得する時刻を定めた休憩時間も定められます。始業時刻、終業時刻及び休憩時間は就業規則の絶対的必要記載事項として、就業規則に記載しなければなりません（労基89一）。また、始業時刻、終業時刻及び休憩時間については、労働契約を締結するに当たり、使用者が労働者に対し明示することが義務付けられており（労基15①、労基則5①二）、通常は雇用契約書や労働条件通知書に記載される形で明示されます。

　始業時刻から終業時刻までは「所定就業時間」と呼ばれ、これから所定の休憩時間を差し引いた時間が「所定労働時間」と呼ばれます（菅

野和夫『労働法』497頁（弘文堂、第12版、2019））。

　この所定労働時間は、労働基準法において、原則的な1週及び1日の最長時間を定めた法定労働時間とは異なる概念です。所定労働時間については、法定労働時間の範囲内で設定する必要があり、例えば1日当たりの所定労働時間を7時間とすることはできますが、法定労働時間8時間を超えて9時間と定めることはできません（菅野・前掲480・481頁）。したがって、就業規則において始業時刻、終業時刻及び休憩時間に係る規定を設ける際には法定労働時間を超えないようにする必要があります。そのため、就業規則で定められる所定労働時間は、原則的な法定労働時間である後述の「通常の労働時間制」に基づいて定められるケースが多いと思われます。

　テレワークにおいては、育児・介護などの私用のための外出を認めるなど、従業員ごとに所定労働時間を柔軟に設定することも考えられます。所定労働時間の変更については、会社が一方的に変更することはできませんので、就業規則を変更することなどにより、労働条件を変更する必要がありますが、場合によっては後述の「事業場外労働のみなし労働時間制」や「フレックスタイム制」（[ケース15]参照）を検討することも必要です。

2　通常の労働時間制

　労働基準法32条に規定される1日8時間、1週40時間の法定労働時間の原則に基づいて採用されている労働時間制を指して、「通常の労働時間制」と呼ばれることがあります。例えば、1日の労働時間について、始業時刻を午前9時、終業時刻を午後6時、休憩時間を1時間として、1週の勤務日を月曜日から金曜日の5日間とするような場合がこれに当たります。

3　事業場外労働のみなし労働時間制

　事業場外労働のみなし労働時間制とは、労働者が労働時間の全部又は一部について事業場外で従事した場合において、労働時間を算定し難いときは、所定労働時間労働したものとみなされる制度です（労基38の2①）。ただし、当該業務を遂行するためには通常所定労働時間を超えて労働することが必要となる場合においては、当該業務に関しては、厚生労働省令で定めるところにより、当該業務の遂行に通常必要とされる時間（労使協定があれば労使協定で定める時間（労基38の2②））労働したものとみなされます（労基38の2①）。

　ここで、事業場外労働のみなし労働時間制を適用する前提となる「労働時間を算定し難いとき」については、テレワークに関する事例ではないものの、事業場外労働のみなし労働時間制の適用を否定した重要な判例である阪急トラベル・サポート事件（最判平26・1・24判時2220・126）があり、これを踏まえた検討が必要になります。

　テレワークにおいて事業場外労働のみなし労働時間制の対象となるかについて、「テレワークの適切な導入及び実施の推進のためのガイドライン」（令3・3・25基発0325第2・雇均発0325第3）6(2)ウでは、以下の①及び②のいずれも満たす場合に制度の対象となるとされています。

①　情報通信機器が、使用者の指示により常時通信可能な状態におくこととされていないこと

②　随時使用者の具体的な指示に基づいて業務を行っていないこと

　①について、労働者が情報通信機器を所持していたとしても、以下のような場合は事業場外労働のみなし労働時間制の適用が否定されることはないとされています。

・勤務時間中に、労働者が自分の意思で通信回線自体を切断することができる場合

・勤務時間中は通信回線自体の切断はできず、使用者の指示は情報通信機器を用いて行われるが、労働者が情報通信機器から自分の意思で離れることができ、応答のタイミングを労働者が判断することができる場合

・会社支給の携帯電話等を所持していても、その応答を行うか否か、又は折り返しのタイミングについて労働者において判断できる場合

　②については、使用者の指示が、業務の目的、目標、期限等の基本的事項にとどまり、1日のスケジュール（作業内容とそれを行う時間等）をあらかじめ決めるなど作業量や作業の時期、方法等を具体的に特定するものではない場合にこれを満たすとされています。

4　規定例

　以上を踏まえて、通常の労働時間制による場合と事業場外労働のみなし労働時間制による場合のそれぞれについての規定例は以下のとおりです。

①　通常の労働時間制の規定例

【テレワーク勤務規程】　DL

（在宅勤務時の労働時間）

第〇条　所定労働時間は、1週間については40時間、1日については8時間とする。

2　始業時刻、終業時刻及び休憩時間は次のとおりとする。

始業時刻	終業時刻	休憩時間
午前9時00分	午後6時00分	午前12時00分から午後1時00分まで

3　前項にかかわらず、従業員は会社の事前の承認を受けて始業

　時刻、終業時刻及び休憩時間を変更することができる。

4　前項の承認に当たっては、所属長に対し、変更後の始業時刻、終業時刻及び休憩時間並びに変更を希望する期間を記載した申請書を提出しなければならない。

＜作成上のポイント＞

上記は通常の労働時間制を採用した場合の規定例であり、厚生労働省「テレワークモデル就業規則〜作成の手引き〜」を参考にしています。

第1項では、所定労働時間を確認するものであるため、前述のとおり労働基準法で定める原則的な法定労働時間に抵触しないように定める必要があります。

第2項では、通常の労働時間制を採用の上、始業時刻、終業時刻及び休憩時間を具体的に記載しています。テレワークで勤務する従業員であっても、会社に出勤して勤務する従業員と異なる始業時刻、終業時刻及び休憩時間を定める必要はない場合は、「就業規則第○条の定めるところによる。」として、就業規則の規定を引用することも考えられます。

第3項及び第4項では、本ケースのテーマにあるとおり、テレワークで勤務する従業員に柔軟な働き方を認めるため、会社の事前の承認により始業時刻、終業時刻及び休憩時間を変更できるようにしています。具体的には始業時刻を繰り上げ又は繰り下げることや、1日の所定労働時間を短縮することが考えられますが、1日の所定労働時間を短縮する場合は、短縮された時間分の給与の取扱いについて規定することも考えられます。

＜運用上のポイント＞

会社の事前の承認により始業時刻、終業時刻及び休憩時間を変更できるようにする場合、これを際限なく変更できるようにしてしまうと、会社において労働時間管理が煩雑になります。そこで、これらの変更について上限を設けて、上限を超える申請を承認しないということも検討すべきでしょう。

また、始業時刻、終業時刻及び休憩時間の変更申請に当たっての申請書

の提出及び所属長による承認については、テレワーク勤務という性質上、書類でのやり取りは現実的ではないので、添付ファイルを利用したメールの送受信で運用することが考えられます。

② 事業場外労働のみなし労働時間制の規定例

【テレワーク勤務規程】 [DL]

> （在宅勤務時の労働時間）
>
> 第○条　在宅勤務時の始業時刻、終業時刻及び休憩時間については、就業規則第○条の定めるところによる。
>
> 2　前項にかかわらず、在宅勤務を行う者が次の各号の全てに該当する場合であって、労働時間を算定し難いときは、就業規則第○条で定める所定労働時間の労働をしたものとみなす。
>
> (1)　従業員の自宅（会社の承諾を得て自宅以外の事業場外で勤務する場合を含む。）で業務に従事していること。
>
> (2)　会社と在宅勤務者間のパソコン、携帯電話等の情報通信機器の接続、応答について在宅勤務者が自らの判断で行うことができること。
>
> (3)　在宅勤務者の業務が常に所属長から随時指示命令を受けなければ遂行できない業務ではなく、作業内容とそれを行う時間等について在宅勤務者が自らの判断で行うことができること。

＜作成上のポイント＞

　上記は事業場外労働のみなし労働時間制を採用した場合の規定例であり、厚生労働省「テレワークモデル就業規則～作成の手引き～」を参考にしています。

　第1項は、在宅で勤務する従業員の始業時刻等について定めるものであり、就業規則本則の規定を引用する形としています。

　第2項では、事業場外労働のみなし労働時間制を採用する場合のガイドラインである「テレワークの適切な導入及び実施の推進のためのガイドライン」6(2)ウを意識した規定としており、会社において労働時間を算定し難い場合にのみ所定労働時間労働したものとみなす形にしています。

＜運用上のポイント＞

　前述のとおり、事業場外労働のみなし労働時間制は労働時間を算定し難い場合に初めて適用が可能なものです。したがって、事業場外労働のみなし労働時間制を適用するに当たっては、就業規則で事業場外労働のみなし労働時間制に関する定めを置くだけでは足りず、「テレワークの適切な導入及び実施の推進のためのガイドライン」6(2)ウで定められた要件を意識するとともに、実際に従業員がそのような要件を満たしているかどうかをきちんと確認する必要があります。

［ケース19］　テレワーク勤務対象者に残業をさせる場合は

　　当社ではテレワークを導入していますが、テレワーク勤務
対象者に残業をさせる場合、どのような点に注意が必要でしょうか。

◆ポイント◆

　　テレワーク勤務対象者に残業をさせる場合、通常の勤務対象者と同様に三六協定と労働契約上の根拠が必要になります。労働契約上の根拠として就業規則に定める場合は、労働時間管理義務の観点からテレワーク勤務対象者の残業を許可制とすることが考えられます。

1　時間外労働をさせるための要件

（1）　時間外労働とは

　　時間外労働とは、1日8時間、1週間40時間の法定労働時間（労基32）を超えて従業員を労働させることをいいます。法定労働時間の範囲内での残業や法定外休日における労働は時間外労働には当たりません。例えば、1日の所定労働時間が7時間の会社において1時間の残業をさせる場合は、法定労働時間を超えるわけではありませんので、この場合は労働基準法で定める時間外労働には当たりません（法定労働時間内の残業として「法内残業」と呼ばれることもあります。）。

（2）　三六協定の締結

　　従業員に時間外労働をさせる場合は、当該事業所の労働者の過半数で組織する労働組合又は過半数代表者との間で、時間外労働について書面による労使協定を締結の上、これを所轄の労働基準監督署長に届

け出なければなりません（労基36①、労基則16②）。これはいわゆる「三六協定」と呼ばれているものです。なお、この三六協定については、厚生労働大臣が指針を定めることができるものとされており（労基36⑦）、この厚生労働大臣の指針としては「労働基準法第36条第1項の協定で定める労働時間の延長及び休日の労働について留意すべき事項等に関する指針」（平30・9・7厚労告323）が定められています。労使協定を締結する当事者は、労使協定をこの指針に適合した内容にする必要があり（労基36⑧）、行政官庁は締結された労使協定に対し、必要な指導や助言をできるものとされています（労基36⑨）。

（3）　労働契約上の根拠規定

三六協定の締結・届出は、労働基準法で定められた法定労働時間の規制を例外的に解除する効果しかありませんので、三六協定があることをもって、直ちに従業員に対して時間外労働を命じることができるわけではありません。従業員に対して時間外労働を命じるためには、三六協定のほかに、別途、労働契約上の根拠が必要になりますので、就業規則や労働協約に時間外労働を命じることができる旨を定める必要があります（最判平3・11・28判時1404・35、菅野和夫『労働法』515頁（弘文堂、第12版、2019））。

2　時間外労働の上限規制

（1）　限度時間

三六協定で定めることができる時間外労働については、原則として月45時間、年360時間とされており（労基36③④）（これを「限度時間」といいます。）、通常予見することのできない業務量の大幅な増加等に伴い臨時的に限度時間を超えて労働させる必要がある場合を除いて、この限度時間を超えた内容での三六協定を締結することはできません（労基36⑤）。

　(2)　特別協定

　臨時的に限度時間を超えて労働させる条項を含んだ三六協定を「特別協定」といいます。この特別協定にも制限があり、以下の事項を守る必要があります（①及び②につき労基36⑤、③につき労基36⑥二・三）。

①　時間外労働が年720時間の範囲内

②　1か月45時間（3か月を超える変形労働時間制は42時間）の限度時間を超えることができるのは年6か月以内

③　1か月当たりの時間外労働と休日労働の合計時間は100時間未満かつ、2か月平均、3か月平均、4か月平均、5か月平均、6か月平均がいずれも80時間以内

　(3)　違反の効果

　上記の規制に違反した三六協定は協定全体が無効となり、そのような違反がある三六協定に基づく時間外労働は法定労働時間の違反として罰則（労基119一）が適用されることになります（菅野・前掲510頁）。

3　時間外労働をさせる際の割増賃金

　(1)　割増賃金

　使用者が、法定労働時間外、法定休日又は深夜（午後10時から午前5時まで）に労働者を労働させた場合、原則として以下の割増率の割増賃金を支払う必要があります（労基37①、割増令）。

①　法定労働時間外に勤務させたとき：25％以上

②　時間外労働が1か月60時間を超えたとき：50％以上

③　法定休日に勤務させたとき：35％以上

④　深夜に勤務させたとき：25％以上

　なお、三六協定が締結されていない又は三六協定が所定の要件を満たさない場合は、違法な時間外労働にはなりますが、この場合であっても割増賃金を支払う必要があります（最判昭35・7・14判時230・6）。

　また、②について、中小企業（その資本金の額又は出資の総額が3億円（小売業又はサービス業を主たる事業とする事業主については5,000万円、卸売業を主たる事業とする事業主については1億円）以下である事業主及びその常時使用する労働者の数が300人（小売業を主たる事業とする事業主については50人、卸売業又はサービス業を主たる事業とする事業主については100人）以下である事業主）については経過措置が設けられていますので（労基138）、令和5年3月31日まではその適用はありません（働き方改革附則1三）。

　(2)　法内残業

　会社が従業員に法内残業をさせる場合、法定労働時間の範囲内なので割増賃金を支払う義務まではありません。では、どのような賃金を支払う義務があるかについてですが、これは労働契約、就業規則、労働協約、慣行等の意思解釈の問題となります。これらにおいて法内残業について、割増賃金又は通常の賃金を支払う旨が定められている場合はそれに従うことになりますが、そのような規定がなくても通常の賃金が支払われると解されることが一般的です（佐々木宗啓ほか『類型別労働関係訴訟の実務Ⅰ』122・123頁（青林書院、改訂版、2021））。

4　規定の整備

　以上を踏まえて、就業規則における時間外労働に関する規定を整備する必要がありますが、テレワークの場合は会社に出勤する場合とは異なり、従業員の労働実態を管理しにくい面もあるため、長時間労働や日常的な深夜労働が発生してしまう可能性もあります。

　これでは会社の労働時間管理義務の点からも問題がありますので、テレワークの際の時間外労働については原則禁止とした上で、会社による許可制とすることも考えられます。テレワーク勤務規程において、時間外労働と深夜労働を定める規定例は以下のとおりです。なお、休

日労働に関する規定例については［ケース22］を参照してください。

【テレワーク勤務規程】　DL

（時間外労働及び深夜労働）

第○条　在宅勤務者が時間外労働、深夜労働をする場合は事前に
　　所属長に申請の上、その許可を受けなければならない。

２　在宅勤務者は、前項の許可を得ることなく時間外労働及び深
　　夜労働をしてはならない。

３　前2項を除き、時間外労働及び深夜労働について必要な事項
　　は就業規則第○条（注：給与規程がある場合は「及び給与規程
　　第○条」）の定めるところによる。

＜作成上のポイント＞

　上記は厚生労働省「テレワークモデル就業規則～作成の手引き～」を参考にしています。

　第1項及び第2項では、テレワークにおける時間外労働、深夜労働を会社の許可制とするものであり、会社の許可を得ないこれらの労働を原則として禁止しています。

　時間外労働、深夜労働について、テレワークとテレワーク以外で基本的に定めるべき事項は変わりません。そこで、第3項では、時間外労働、深夜労働について許可制とする以外の事項については、就業規則本則を参照することとしています。時間外労働における賃金に関する部分について、別途給与規程で定めている場合は、「及び給与規程第○条」として給与規程を参照することになります。

アドバイス

　時間外労働、深夜労働の申請に当たっては、会社側で所定のフォーマットを作成することが考えられます。また、テレワークですので、申請

書の提出及び所属長による承認については、添付ファイルを利用したメールの送受信で運用することが考えられます。

　特に、会社側で明示的に時間外労働を禁止し、これを徹底しているにもかかわらず従業員が労働した場合は、業務命令に反するものとして当該労働に係る労働時間該当性が否定される可能性もありますので（東京高判平17・3・30労判905・72）、メールといった客観的な記録を残しておくことが割増賃金支払義務との関係で有用であると考えられます。

第3　休憩・休日・休業に関する規定

[ケース20]　週休3日制を実施する場合は

> 当社では、「働き方改革」及び新型コロナウイルス感染症拡大等の状況を考慮して、週休3日制を実施したいと考えていますが、どのような対応が必要でしょうか。

◆ポイント◆

> 週休2日制から週休3日制に変更する場合には、就業規則の変更が必要となります。就業規則の変更の際には、賃金の減少など、従業員の受ける不利益に配慮することが重要です。また、労働時間の減少に伴い賃金が減少する場合は、従業員の不利益が大きいため、個別の同意を取るなど、従業員からの理解を得る必要があるでしょう。

1　週休3日制とは

週休3日制とは、1週間のうち3日が休日となる制度です。

休日とは、あらかじめ労働義務がない日として定められた日をいい、労働基準法は、労働者に対し、毎週1日以上又は4週間で4日以上の休日を与えるよう定めています（労基35①②）。

現在、週休2日制が広く普及していますが、週休2日制は、1週間のうち2日が休日となる制度です。労働基準法により、労働時間については、原則として、1日8時間以内、1週間で40時間以内と定められているため（労基32①②）、1日8時間で週5日労働としている企業が多くなっています。

週休2日制のうち、2日が休日となる週が1か月の間に少なくとも1回

以上ある制度を「週休2日制」と呼び、これに対し、1年を通じて毎週2日の休日がある制度のことを「完全週休2日制」と呼んで区別する場合があります。単に「週休2日制」といった場合には、毎週2日の休日がある制度を指しているとは限らないので注意が必要です。

　週休3日制の場合は、1年を通じて毎週3日の休日がある制度が「完全週休3日制」ということになります。ここでは、完全週休3日制の場合を中心に説明します（特段の断りがない限り、以下では「週休3日制」は「完全週休3日制」を指しています。）。

2　週休3日制導入の場合の所定労働時間と賃金の関係

　週休3日制を導入する場合の所定労働時間と賃金の関係については、大きく分けて以下の三つのケースが考えられます。いずれも、1日8時間で週5日勤務し、週の所定労働時間が40時間の週休2日制を週休3日制に変更することを想定しています。

ケース①　1日の労働時間は8時間で変えず、週の所定労働時間を32時間に減らし、月の賃金は減らす。

ケース②　1日の労働時間は8時間で変えず、週の所定労働時間を32時間に減らすが、月の賃金は変えない。

ケース③　1日の労働時間を10時間に増やし、週の所定労働時間は40時間で変えず、月の賃金も変えない。

　以下では、これらのケースにおいて、どのような問題が生じ、どのような手続が必要となるのか説明します。

3　就業規則変更の要件

　いずれのケースにおいても週休3日制を導入するには休日を増やす必要がありますが、休日は労働条件であり、労働条件の変更は、労使間の合意によって行うか（労契8）、就業規則の変更によって行うことに

なります（労契9・10）。また、休日は、就業規則の絶対的必要記載事項ですので（労基89一）、週休3日制を導入するには、休日に関する就業規則の変更が必要となります。

　就業規則の変更には、労働者の受ける不利益の程度、労働条件の変更の必要性、変更後の就業規則の内容の相当性、労働組合等との交渉の状況その他の就業規則の変更に係る事情に照らして合理的なものであることが必要となり、これに加えて、変更後の就業規則を労働者に周知させることが必要となります（労契10）。

　週休2日制から週休3日制に変更する場合、休日が増えるという点では従業員に有利な変更といえますが、ケース①のように、労働日が5日から4日に減少することで週の所定労働時間が32時間に減少し、それに伴い賃金が減少するときには不利な変更にもなります。減少の程度にもよりますが、労働日同様に賃金が5分の4になった場合には、従業員の受ける不利益の程度が大きいと判断される可能性があるでしょう。この場合には、会社の業績悪化のため各従業員の賃金を減らしてでも従業員全体の雇用を守る必要があるなど、労働条件変更の必要性が相当程度認められないと就業規則変更の合理性が否定されかねません。

　他方で、ケース②のように、労働時間が32時間に減少したにもかかわらず、時給を上げることによって賃金を維持することも考えられます。この場合は、労働時間が減少して負担が減る一方で得られる賃金は変わらないので、従業員の不利益はないといえるでしょう。もっとも、会社としては人件費が割高となってしまいます。

　また、ケース③のように、労働日が週4日になったとしても、1日の労働時間を8時間から10時間に変更すれば、週の労働時間は40時間で変わらないことになります。1日の労働時間が増えるのは従業員に不利益ですが、労働時間が変わらなければ賃金は変わらないことになり

そうです。しかし、労働基準法では1日の労働時間は8時間までとされていますので（労基32②）、1日の労働時間を10時間とした場合には、2時間分について2割5分以上の時間外割増賃金を支払う必要が生じ（労基37①、割増令）、会社としてはむしろ人件費のかかる結果となってしまいます。また、時間外労働を命じるためには、三六協定の締結及び労働基準監督署への届出等が必要となります。これらの問題に対応するためには、変形労働時間制を導入することが考えられます。

　以上のように、週休3日制導入の際には、従業員の不利益が大きくならないよう配慮して賃金や労働時間を調整する必要が出てきます。また、会社としては、週休3日制導入の意義を十分に説明して個別の同意を取るなど、従業員からの理解を得る必要があるでしょう。

4　週休3日制を導入する場合の就業規則の例

　週休3日制を導入する場合の就業規則の例として、日曜、土曜、祝日及び年末年始の他に会社の指定する日を休日として、これらを合わせて週3日以上を休日とする完全週休3日制とし、1か月単位の変形労働時間制を導入して1日の所定労働時間を10時間とするケースを示します。

【就業規則】　DL

（休日）

第○条　休日は、次のとおりとする。

(1)　毎週日曜日（法定休日）

(2)　毎週土曜日

(3)　国民の祝日に関する法律に定められた休日

(4)　年末年始（12月29日から翌年1月3日まで）

(5)　その他会社が休日と定めた日

2 前項各号に定める休日を合わせて週3日以上を休日とし、前項第5号に定める休日については、会社は、従業員に対し、毎月15日までに翌月の勤務表を作成して休日を周知する。

3 業務の都合により会社が必要と認める場合は、あらかじめ第1項各号の休日を他の日と振り替えることがある。

4 所定外労働をさせたとき又は第1項各号の休日に出勤させたときには、代休を与えることができる。

（1か月単位の変形労働時間制）

第○条 第○条の所定労働時間の定めにかかわらず、全従業員について、毎月1日を起算日とする1か月単位の変形労働時間制を適用し、所定労働時間等については、次項以下の定めによることとする。

2 所定労働時間は、1か月を平均して週40時間を超えないものとする。

3 所定労働時間、始業及び終業の時刻、休憩時間は次のとおりとし、会社は、従業員に対し、毎月15日までに翌月の勤務表を作成して勤務日を周知する。

(1) 所定労働時間 1日10時間

(2) 始業時刻 午前8時30分

(3) 終業時刻 午後7時30分

(4) 休憩 午前12時00分から午後1時00分まで1時間

＜作成上のポイント＞

上記の規定例は、週3日以上の休日を設けることを明示し、祝日のある週は会社の指定する休日を設けずに週4日の労働日を確保するなどの柔軟な休日の指定を可能とするものです。もっとも、直前になって休日の指定を行うのでは予定が立てづらくなり従業員の不利益が大きく、労働を命じる

業務命令が権利濫用として無効となる可能性があるため、上記の規定例では、毎月15日までに翌月の休日を指定して従業員に周知することとしています。追加する休日については、毎週水曜日を固定の休日とするなど他の定め方もありますので、会社の方針に合わせて定めるとよいでしょう。

　また、上記の規定例では、1か月単位の変形労働時間制の適用を定めています。1日の所定労働時間を10時間としているため、1日10時間、週40時間、月177.1時間（月の日数が31日の場合）を超えない限りは時間外労働にはなりません。

　休日の振替や代休については、［ケース22］を参照してください。

[ケース21]　休憩時間を一斉に取る制度を廃止する場合は

> 当社では、休憩時間に休憩場所で「3密」になることを避けるため、休憩時間を一斉に取る制度を廃止したいと考えています。どのような対応が必要でしょうか。

◆ポイント◆

> 労働基準法により、特定の事業を営む場合を除き、使用者は、労働者に対して、休憩時間を一斉に与えなければならないとされています。このような制度を廃止する場合は、労働者の過半数で組織する労働組合又は労働者の過半数を代表する者と書面による協定を締結することが必要です。

1　休憩一斉付与の原則とその例外

　労働者の休憩時間は、原則として一斉に取らせなければなりません。労働基準法34条1項は、「使用者は、労働時間が6時間を超える場合においては少なくとも45分、8時間を超える場合においては少なくとも1時間の休憩時間を労働時間の途中に与えなければならない」と定めており、同法34条2項は、「前項の休憩時間は、一斉に与えなければならない」と定めています。これを、休憩一斉付与の原則といいます（菅野和夫『労働法』482頁（弘文堂、第12版、2019））。

　もっとも、休憩一斉付与の原則には、いくつかの例外が認められています。

　一つは、特定の事業について、事業の性質上一斉付与が困難であるため例外とされているものです（労基40①、労基則31）。これには、旅客又は貨物の運送、物品の販売、賃貸、理容、金融、保険、広告、映画・演劇等、郵便、電気通信、病院その他保健衛生、旅館、飲食店、接客

業等があり、サービス業の多くが例外に該当します。また、官公署の事業も例外とされています。

　もう一つの例外として、労働者の過半数で組織する労働組合（以下「過半数組合」といいます。）又は労働者の過半数を代表する者（以下「過半数代表者」といいます。）との書面による協定がある場合にも、休憩時間を一斉に与えないことが認められています（労基34②ただし書）。なお、労使委員会又は労働時間等設定改善委員会が設置されている場合には、当該委員会の決議によって労使協定に代替することが可能です（労基38の4⑤、労働時間等の設定の改善に関する特別措置法7）。

　以上のとおり、労働基準法施行規則31条に列挙された事業を営む会社の場合は、そもそも休憩時間を一斉に与える必要がありませんので、休憩一斉付与の制度を廃止しても問題はありません。休憩時間は就業規則の絶対的必要記載事項ですので（労基89一）、制度廃止後の休憩時間については就業規則で定めておく必要があります。

　それ以外の事業を営む会社の場合で労使委員会等が設置されていないときは、休憩一斉付与制度の廃止には、過半数組合又は過半数代表者と書面による協定を締結することが必要となります。

2　休憩一斉付与制度を廃止する場合の就業規則の例

　休憩一斉付与制度を廃止する場合の就業規則の例として、ここでは、従来、午前12時00分から午後1時00分まで、1時間の休憩が一斉付与されていたものを、3密を避けるために3交替で休憩を付与するよう変更したというケースを示します。

【就業規則】 DL

　（休憩）
　第〇条　休憩時間については、各部門長の決定により、A班、B班及びC班の3班に分け、次のとおり交替で休憩を取る。各部

門長は、各部門の従業員に対し、毎月20日までに翌月分の班分けを周知する。

(1)　A班　午前11時00分〜午前12時00分

(2)　B班　午前12時00分〜午後1時00分

(3)　C班　午後1時00分〜午後2時00分

2　会社は、業務上の必要性がある場合、前項に定める休憩時間の時間帯を変更することがある。

＜作成上のポイント＞

　上記の規定例は、就業規則の変更により休憩一斉付与制度を廃止する場合の例です。休憩時間は労働条件に該当しますので、就業規則の変更による労働条件の変更については、それが従業員に不利益な変更となる場合には、従業員の受ける不利益の程度、労働条件の変更の必要性、変更後の就業規則の内容の相当性、労働組合等との交渉の状況その他の就業規則の変更に係る事情に照らして合理的なものであることが要件となります（労契10）。

　もっとも、上記の規定例では、休憩時間を短くするような変更ではなく、時間帯をずらして付与するだけですので、大幅に早めたり、大幅に遅い時間に付与するようなものでない限り、従業員の受ける不利益はほとんどないものと思われます。上記の規定例のような前後1時間程度の変更であれば、従業員の受ける不利益は少なく、変更内容は十分に相当なものといえるでしょう。また、このような変更を行う目的は新型コロナウイルス感染症予防のためですので、その目的に照らし、変更の必要性も認められるものと思われます。

　上記の規定例については、就業規則変更の合理性は認められるものと思われますが、会社としては、新型コロナウイルス感染症予防のための措置であることを説明し、従業員の理解を得るようにすることが重要でしょう。

　次に、就業規則変更のための手続的な要件としては、以下の三つが必要となります。

①　過半数組合又は過半数代表者の意見聴取（労基90）

②　（常時10人以上の労働者を使用する場合）変更後の就業規則の労働基準監督署への届出（労基89一）

③　変更後の就業規則の労働者への周知（労契10、労基106①）

　変更後の就業規則も従業員への周知がなければ有効になりませんので、会社としては、作業場の見やすい場所に掲示する、作業場に備え付ける、書面を交付する、データをパソコンに入れて閲覧できるようにしておくなどの方法で（労基則52の2）、従業員に周知することが必要となります。

3　休憩一斉付与制度を廃止する場合の労使協定の例

　休憩一斉付与制度を廃止するのに必要な労使協定の要件は、以下のとおりです。

①　過半数組合又は過半数代表者と協定を締結すること（労基34②ただし書）

②　書面で協定を締結すること（労基34②ただし書）

③　一斉に休憩を与えない労働者の範囲を定めること（労基則15①）

④　③の労働者に対する休憩の与え方について定めること（労基則15①）

　労使協定を締結する際には、上記③及び④について過半数組合又は過半数代表者と協議することが必要であることはもちろん、新型コロナウイルス感染症予防のための措置であることを全従業員に説明し、理解を得るようにすることが重要でしょう。

　休憩一斉付与制度を廃止する場合の労使協定の例を以下に示します。

【労使協定】　DL

　　○○株式会社と○○株式会社従業員代表○○○○とは、労働基準法第34条第2項ただし書に基づき、一斉休憩の適用除外に関し、以下のとおり協定する。

1　本協定に定める一斉休憩の適用が除外される従業員の範囲
は、次のとおりとする。

(1)　営業部に所属する従業員

(2)　総務部に所属する従業員のうち昼休み中の受付担当者と
して指名された者

2　前項に定める従業員の休憩時間については、次のとおりとす
る。

(1)　営業部に所属する従業員については、営業部部長の決定
により早番と遅番の2組に分け、次のとおり交替で休憩を取
る。営業部部長は、営業部従業員に対し、毎月20日までに翌
月分の組分けを周知する。

ア　早番　午前11時00分〜午前12時00分

イ　遅番　午前12時00分〜午後1時00分

(2)　総務部に所属する従業員のうち、総務部部長の決定によ
り1名を昼休み中の受付担当者とし、休憩時間を午後1時00
分から午後2時00分までとする。総務部部長は、総務部従業
員に対し、毎月20日までに翌月の担当者を周知する。

3　本協定の有効期間は、令和○年○月○日から令和○年○月○
日までの1年間とする。ただし、有効期間満了の1か月前までに
会社及び従業員代表のいずれからも異議がない場合には、1年
間有効期間を延長するものとし、以降も同様とする。

＜作成上のポイント＞

　上記の労使協定例は、一斉に休憩を与えない従業員の範囲を、営業部の
全従業員又は総務部に所属する従業員のうち昼休み中の受付担当者として
指名された者としています。会社全体の休憩時間（昼休み）が午前12時00
分から午後1時00分までとされているところ、総務部の従業員1名がこの間
の受付を担当するというケースを想定しています。

　また、休憩一斉付与制度を廃止する労使協定は、過半数組合又は過半数代表者と締結する必要がありますが、上記の労使協定例は、過半数代表者と締結する場合の例となっています。

　労使協定については有効期間の定めを設ける必要はありませんが、上記の労使協定例では、有効期間を1年間とし、その後については原則として自動更新としています。もっとも、労使協定を過半数組合と締結する場合は労働協約となり、有効期間の上限が3年と定められていますので（労組15①）、注意が必要です。

　前記1のとおり、休憩時間は就業規則の絶対的必要記載事項ですので（労基89一）、労使協定で定めた事項についても就業規則に記載しておく必要があります。労使協定により休憩一斉付与制度を廃止する場合は、以下の規定例のように、労使協定を就業規則に添付し、これを就業規則の一部とするという規定を入れておくことが簡便でしょう。

【就業規則】 DL

（休憩一斉付与の例外）

第〇条　会社は、業務上の必要性がある場合、当該事業場に、従業員の過半数で組織する労働組合がある場合においてはその労働組合、従業員の過半数で組織する労働組合がない場合においては従業員の過半数を代表する者と、書面による協定を締結し、休憩を一斉に付与しないことがある。

2　前項の場合は、締結した労使協定を就業規則に添付して就業規則の一部とし、就業規則に定めのない事項は当該協定に定めるところによるものとする。

[ケース22] 休日出勤をさせる場合は

新型コロナウイルス感染症対応等のために、従業員に休日出勤を命じることができますか。また、その場合にどのような対応が必要となりますか。

◆ポイント◆

従業員に休日出勤を命じることは可能です。その場合には、三六協定を締結し、労働契約又は就業規則で休日出勤について定めるなどの対応が必要となります。また、法定休日に出勤を命じた場合には、割増賃金を支払う必要があります。

1 労働者への休日の付与

労働基準法35条1項により、「使用者は、労働者に対して、毎週少なくとも1回の休日を与えなければならない。」とされており、従業員には、原則として週1日以上の休日を与えなければなりません。このような、法律上認められている週1日の休日を法定休日といい、法定休日に加えて付与される休日を法定外休日といいます。

従業員に対し休日に出勤を命じるには、下記2のいずれかの方法を採る必要があります。

2 従業員に休日出勤を命じる方法

(1) 三六協定の締結・届出

使用者は、労働者の過半数で組織する労働組合（以下「過半数組合」といいます。）又は労働者の過半数を代表する者（以下「過半数代表者」といいます。）との書面による協定を締結し、労働基準監督署に届け出

ることによって、適法に休日出勤を命じることが可能となります（協定のない時間外・休日労働命令は違法・無効となります。）。この協定は、労働基準法36条によるものであることから、「三六協定（サブロク協定、サンロク協定）」と呼ばれています。

　なお、三六協定の効力は、労働基準法違反の責任を問われないという刑事免責の効力と、適法に時間外・休日労働を行い得る枠を設定する効力に限られると解されており、従業員に時間外・休日労働の義務を設定する効力は持たないと解されています（昭63・1・1基発1・婦発1、菅野和夫『労働法』514頁（弘文堂、第12版、2019））。そのため、従業員に休日出勤を命じるには（従業員に休日労働義務を負わせるためには）、三六協定を締結することに加えて労働契約又は就業規則において休日労働について定めておく必要があります。

　(2)　労使委員会等の決議

　労使委員会又は労働時間等設定改善委員会が設置されている場合には、当該委員会の決議によって三六協定に代替することが可能です（労基38の4⑤、労働時間等の設定の改善に関する特別措置法7）。

　(3)　労働基準法33条1項の適用

　労働基準法33条1項には、「災害その他避けることのできない事由によって、臨時の必要がある場合においては、使用者は、行政官庁の許可を受けて、その必要の限度において〔略〕第35条の休日に労働させることができる。」という規定があり、本条の適用によって休日労働を命じることができる場合があります。労働基準監督署長による事前の許可を得ることが原則となっていますが、事態急迫のために行政官庁の許可を受ける暇がない場合には、事後に遅滞なく届け出ることでも可能とされています（労基33①ただし書）。

　新型コロナウイルス感染症への対応における労働基準法33条1項の適用が問題となりますが、厚生労働省は、新型コロナウイルスの感染

の防止や感染者の看護等のために従業員が働く場合については、「今回の新型コロナウイルスが指定感染症に定められており、一般に急病への対応は、人命・公益の保護の観点から急務と考えられるので、労働基準法第33条第1項の要件に該当し得るものと考えられます」という見解を示しています（厚生労働省「新型コロナウイルスに関するQ＆A（企業の方向け）（令和4年1月26日時点版）」5－問3）。

　そのため、病院等の医療施設における業務や、マスクや消毒液、治療に必要な医薬品等を緊急に増産する業務については、三六協定がなくとも、労働基準法33条1項によって休日出勤を命じることが可能と考えられます。

　もっとも、労働基準法33条1項は臨時の措置の規定であり、厳格な運用が求められているものです。また、許可権限は労働基準監督署長にあり、労働基準監督署長が休日労働を不適当と認めた場合には、事後的に休日を与えるよう命令されることもあり得ます（労基33②）。そのため、新型コロナウイルス感染症に対応するための安定的な制度とするには、三六協定を締結した方がよいでしょう。

　(4)　法定外休日に出勤を命じる場合

　法定外休日については、週の法定労働時間（原則40時間）の範囲内であれば、従業員に出勤を命じるのに三六協定締結の必要はありません。

　もっとも、法定外休日であっても、従業員に休日に出勤を命じるためには、労働契約書や就業規則にその旨の定めがあるなどの労働契約上の根拠が必要となります。また、週の法定労働時間以上の労働を命じるのであれば、三六協定締結の必要があります。

3　休日出勤と割増賃金

　休日出勤の場合の割増賃金の支払の要否や割増率は、出勤を命じる

休日が法定休日の場合と法定外休日の場合で異なります。

　法定休日に従業員を出勤させた場合には、休日労働割増賃金として、3割5分以上の割増賃金を支払う必要があります（労基37①、割増令）。

　他方で、法定外休日に出勤させた場合には、休日労働割増しの適用はなく、それが1週間の法定労働時間（原則40時間）を超える場合に限って時間外割増賃金として2割5分以上の割増賃金を支給すればよいことになります。ただし、1か月60時間を超える時間外労働に対しては5割以上の時間外割増賃金を支払う必要があります（労基37①ただし書）。なお、中小企業については5割以上の時間外割増賃金の規定の適用が当分の間猶予されていましたが（労基138）、令和5年4月1日から適用されるようになりますので、注意が必要です。

　また、法定休日における出勤の場合でも、事前に休日と労働日の振替を行えば休日労働にはなりませんので、休日労働割増賃金を支払う必要はありません。もっとも、この場合であっても時間外割増賃金は支払う必要がありますし、週をまたいだ振替の場合には、1週間の法定労働時間を超えることも多いでしょう。

4　三六協定の要件

　三六協定の要件は以下のとおりです。

① 　過半数組合又は過半数代表者と協定を締結すること（労基36①）

② 　書面で協定を締結すること（労基36①）

③ 　以下の事項を定めること（労基36②）

・休日に労働させることができることとされる労働者の範囲

・対象期間（1年間に限るものとする。）

・休日に労働させることができる場合

・対象期間における労働させることができる休日の日数

・休日の労働を適正なものとするために必要な事項として厚生労働
省令で定める事項

④ 労働基準監督署に届け出ること（労基36①）

　三六協定は労働基準監督署に届け出る必要があり、その際に提出す
る書面は労働基準法施行規則様式9号と定められています（労基則16
①）。労働基準法施行規則様式9号については、厚生労働省のホームペ
ージにおいて書式が公開されています（厚生労働省「時間外労働・休日労働
に関する協定届（限度時間以内で時間外・休日労働を行わせる場合（一般条項））」）。

　通常は、この書式に記載されている事項を定めることで足りること
が多いものと思われます。

5　休日出勤に関する三六協定の例

　休日労働に関する協定届の例を後掲 参考書式 休日労働に関する協
定届 に示します。この例では、休日労働させる必要のある具体的事由
として、「新型コロナウイルス感染症対応のための臨時業務等」を挙げ
ています。

＜作成上のポイント＞

　三六協定は書面で締結する必要がありますが、協定届に双方が署名又は
押印をすることによって、協定書を兼ねた書面とすることができます。行
政手続における押印原則の見直しのため、令和3年4月1日から協定届は書
式上押印が廃止されましたが、協定届が協定書を兼ねる場合には、労使双
方の署名又は押印が必要となるでしょう。

6　従業員に休日出勤を命じる場合の就業規則の例

　前記2(1)のとおり、従業員に休日に出勤を命じるためには、三六協
定の締結・届出に加えて、労働契約書や就業規則にその旨の定めがあ
るなどの労働契約上の根拠が必要となります。ここでは、休日労働及
び休日の事前振替の就業規則の例を示します。

【就業規則】 DL

（休日労働）

第○条 会社は、労使協定に定める事由のある場合又は次の各号に定める事由がある場合には、労使協定に定められた範囲内で、従業員に対して休日労働を命じることがある。

(1) 災害その他避けることのできない事由によって臨時の必要がある場合

(2) 業務の内容によりやむを得ない場合

(3) その他前各号に準ずる事由がある場合

（休日の事前振替）

第○条 会社は、第○条に定める休日について、業務上の都合により、休日を他の日に振り替えることができる。

2 前項の場合、会社は、振り替える日をあらかじめ指定して、従業員に通知するものとする。

＜作成上のポイント＞

上記の規定例では、労働基準法33条1項規定の災害その他避けることのできない事由によって臨時の必要がある場合も明記しています。休日労働を命じることになる事由は具体的に定めるべきでしょう。

休日の振替は事前に行うことが重要であり、上記の規定例では、会社が従業員に事前に通知するものとしています。休日労働をした後に他の労働日を休日とするのは振替ではなく「代休」であり、この場合は休日労働となりますので、休日割増賃金を支払う必要があります。

上記の規定例は休日労働に限って定めていますが、時間外労働についても併せて定めておくのが一般的です。

アドバイス

　三六協定を締結し、労働契約書や就業規則において休日労働について定め、会社が休日労働についての業務命令権を有していたとしても、具体的な命令権の行使が常に有効になるとは限りません。業務上の必要性が認められなければ業務命令は有効要件を欠くことになりますし、休日に避けられない予定が入っているなど従業員側に休日労働を行わないやむを得ない事由がある場合には業務命令は権利濫用になり得ます（菅野和夫『労働法』514頁（弘文堂、第12版、2019））。

　休日労働については従業員の生活に与える影響が大きいことから、その業務の必要性は、時間外労働の場合よりも厳格に判断されるとされています（瓦林道広＝中山達夫編『Q＆A　労働時間・休日・休暇・休業トラブル予防・対応の実務と書式』250頁（新日本法規出版、2020））。新型コロナウイルス感染症対応のためとはいえ、休日労働は必要な範囲に限るべきでしょうし、従業員に対し説明を尽くして、その理解を得る努力をすべきでしょう。

参考書式

○休日労働に関する協定届（労基則様式9号）

様式第9号（第16条第1項関係）

時間外労働
休日労働　に関する協定届

事業の種類	事業の名称	事業の所在地（電話番号）	協定の有効期間
○○業	○○株式会社○○事業所	（〒○○○－○○○○） ○○県○○市○○町○○○1－2－3 （電話番号：○○－○○○○－○○○○）	令和○年○月○日 ～令和○年○月○日

労働保険番号／法人番号

時間外労働

	時間外労働をさせる 必要のある具体的事由	業務の種類	労働者数 （満18歳 以上の者）	所定労働時間 （1日） （任意）	延長することができる時間数（1日／1箇月／1年）
① 下記②に該当しない労働者	○○○○ ○○○○	○○○○ ○○○○	○人 ○人	○○時間 ○○時間	○○時間 ○○時間 ○○時間
② 1年単位の変形労働時間制 により労働する労働者					

休日労働

休日労働をさせる必要のある具体的事由	業務の種類	労働者数 （満18歳 以上の者）	所定休日 （任意）	労働させることができる 法定休日の日数	労働させることができる法定 休日における始業及び終業の時刻
新型コロナウイルス感染症対応のための臨時の 業務等	事務・経理	10人	土日祝日	1か月に1回	9：00～18：00

上記で定める時間数にかかわらず、時間外労働及び休日労働を合算した時間数は、1箇月について100時間未満でなければならず、かつ2箇月から6箇月までを平均して80時間を超過しないこと。（チェックボックスに要チェック）☑

協定の成立年月日　令和　○　年　○　月　○　日

協定の当事者である労働組合（事業場の労働者の過半数で組織する労働組合）の名称又は労働者の過半数を代表する者の　職名　○○事業所総務課主任／氏名　○○○○ ㊞

協定の当事者（労働者の過半数を代表する者の場合）の選出方法（　投票による選挙　）

上記協定の当事者である労働組合が事業場の全ての労働者の過半数で組織する労働組合である又は上記協定の当事者である労働者の過半数を代表する者が事業場の全ての労働者の過半数を代表する者であること。☑（チェックボックスに要チェック）

上記労働者の過半数を代表する者が、労働基準法第41条第2号に規定する監督又は管理の地位にある者でなく、かつ、同法に規定する協定等をする者を選出することを明らかにして実施される投票、挙手等の方法による手続により選出された者であって使用者の意向に基づき選出されたものでないこと。☑（チェックボックスに要チェック）

令和　○　年　○　月　○　日

使用者　職名　○○事業所長／氏名　○○○○ ㊞

○○　労働基準監督署長殿

［ケース23］　通年採用により採用した従業員に年次有給休暇を付与する場合は

　当社では、多彩な人材を採用するため通年採用をしていますが、通年採用により採用した従業員に年次有給休暇を付与する場合、どのような点に注意が必要でしょうか。

◆ポイント◆

　近年、従来慣行化していた新卒一括採用方式から、通年採用方式への流れが加速しています。殊に、新型コロナウイルスの影響により新卒一括採用による採用活動に支障が生じたことを受け、通年採用がより注目されています。通年採用は、多様な人材を柔軟に採用できる採用方式としてメリットの多い採用方式ですが、雇入れの日が従業員ごとに異なるため、有給休暇の基準日も異なり、労務管理が煩雑化する可能性もあります。

1　新卒一括採用時代から通年採用時代へ

　新卒一括採用とは、企業が卒業予定の学生に対して、限られた期間内で一括採用を行う採用形式で、日本独自の雇用慣行でした。

　これに対して、通年採用は、企業ごとに必要なタイミングで随時採用を行う採用形式で、海外では通年採用が一般的です。

　従前、日本では、日本経済団体連合会（経団連）が、企業の採用活動が学生の学業に支障を来さないよう「採用選考に関する指針」を示し、採用選考活動開始時期・採用内定日の遵守等の就活ルールを定めてきたことがあります。しかしながら、近年、少子高齢化が進む中で、

多様な人材の確保を求める企業側の要請もあり、就活ルールよりも早い段階で選考を開始する企業が増えるなど、就活ルールは実質形骸化してきました。

　このような流れの中で、平成30年10月、経団連が令和3年度以降に入社する学生を対象とする採用選考に関する指針は策定しない方針を示し、事実上、就活ルールは廃止されることとなりました。

2　近時の通年採用への動き

　平成31年4月22日、経団連と国公私立大学の代表で構成される「採用と大学教育の未来に関する産学協議会」（産学協議会）は、新卒学生の通年採用を拡大することを合意して「中間とりまとめと共同提言」を公表し、令和2年3月31日には「Society 5.0に向けた大学教育と採用に関する考え方」として報告書をまとめました。

　この報告書は、新卒一括採用からジョブ型雇用を念頭に置いた採用（ジョブ型採用：新卒、既卒を問わず、専門スキルを重視した通年での採用、また留学生や海外留学経験者の採用）も含め、学生個人の意思に応じた複線的で多様な採用形態に秩序をもって移行することが必要であると述べています。

　また、産学協議会は、新型コロナウイルスの影響で、令和3年度の入社希望者を対象とした各種採用関連イベントが中止又は延期となったことに伴い、年間を通じた複数回の選考機会の確保も提言しており、このような提言からも、今後、通年採用への動きが更に加速すると考えられます。

3　通年採用と年次有給休暇

　労働基準法では、労働者が雇入れの日から6か月継続勤務し、その6か月間の全労働日の8割以上を出勤した場合、原則として10日の年次

有給休暇を与えることが規定されています（労基39）。また「働き方改革関連法」に伴う労働基準法改正により、平成31年4月から、年次有給休暇が10日以上付与される労働者に対し、年次有給休暇を付与した日（基準日）から1年以内に5日分について、取得時季を指定して年次有給休暇を取得させなければならないと規定されました（労基39⑦、いわゆる有給休暇の義務化）。

　休暇に関する事項は就業規則の絶対的必要記載事項であるため（労基89一）、時季指定の方法等について就業規則を定めることが必要になります。

4　年次有給休暇の管理

　就業規則において次のとおり定める方法が考えられます。

【就業規則】　DL

（年次有給休暇）

第〇条　会社は、従業員に対し、雇入れの日を起算日とし、労働基準法第39条の規定に従い、勤続年数に応じて以下の区分により年次有給休暇を与える。ただし、年次有給休暇を付与される者は、前年度（初年度の初日に付与される年次有給休暇については付与日前6か月）の全労働日の8割以上出勤した者に限る。なお、本条において年度とは入社後6か月経過日から1年ごとに区分した期間をいう。

勤続年数	年次有給休暇付与日数
6か月	10日
1年6か月	11日
2年6か月	12日

3年6か月	14日
4年6か月	16日
5年6か月	18日
6年6か月	20日
以降1年経過ごと	20日

2　従業員は、前項に定める年次有給休暇を請求する場合、指定する最初の休暇日の2日前までに、会社に対し書面により申請しなければならない。

3　会社は、従業員が具体的時季を指定して請求した場合には、指定された日に年次有給休暇を与える。ただし、指定された日に年次有給休暇を与えることが事業の正常な運営を妨げる場合においては、他の時季にこれを与えることができる。

4　会社は、従業員が取得する休暇日数及び継続・分割の別を明らかにして、季節又はこれに相当する3か月程度の期間(以下「季節」という。)を指定して請求した場合には、指定された季節の中で会社が特定した具体的休暇日に年次有給休暇を与える。

5　第1項の年次有給休暇は翌年度に限り繰り越すことができる。

＜運用上のポイント＞

通年採用によって従業員により年次有給休暇の基準日が異なる場合、細やかな管理が必要となります。

雇用形態は関係なく、正社員以外のアルバイト・パートタイマーも条件を満たせば年次有給休暇付与の対象となりますので、会社の規模によっては、年次有給休暇の管理が極めて煩雑化する可能性もあります。

この解決方法として、年次有給休暇の付与基準日を統一する方法も考えられます。

年次有給休暇の付与基準日を4月1日として定める例は、次のとおりです。

【就業規則】 DL

（年次有給休暇）

第〇条 年次有給休暇は、4月1日を基準日とし、計算期間の1年単位は当年4月1日より翌年3月31日までとして、各従業員の入社時期に応じ、以下の区分に従って与える。ただし、その限度日数は20日とする。

(1) 4月1日以降9月30日までに入社した従業員

入社後最初に到来する10月1日に勤続6か月とみなし、翌年4月1日に勤続1年6か月とみなし、以降勤続年数に応じて次のとおり付与する。

勤続年数	年次有給休暇付与日数
6か月（最初の10月1日）	10日
1年6か月（翌年4月1日）	11日
2年6か月	12日
3年6か月	14日
4年6か月	16日
5年6か月	18日
6年6か月	20日
以降1年経過ごと	20日

(2)　10月1日以降3月31日までに入社した従業員

　　　入社後最初に到来する4月1日に勤続6か月とみなし、以降勤続年数に応じて次のとおり付与する。

勤続年数	年次有給休暇付与日数
6か月（最初の4月1日）	10日
1年6か月（翌年4月1日）	11日
2年6か月	12日
3年6か月	14日
4年6か月	16日
5年6か月	18日
6年6か月	20日
以降1年経過ごと	20日

2　前項の年次有給休暇を取得するためには、従業員は、初年度分については6か月間、次年度以降の分については基準日前の1年間の各出勤率が全労働日の8割以上に達していなければならない。なお、勤続年数のみなしにより勤続年数要件が短縮された期間は出勤したものとして計算する。

＜作成上のポイント＞

　年次有給休暇の付与基準日を統一する場合は、従業員に不利にならないよう注意しなければなりません。

　例えば、基準日を4月1日とした場合、前年度3月に入社した従業員が翌々年度の4月1日まで年次有給休暇を付与されないとなると「労働者が雇入れ

の日から6か月継続勤務し、その6か月間の全労働日の8割以上を出勤した場合には、原則として10日の年次有給休暇を与えること」（労基39）に違反し、従業員に不利になってしまうため、前年度3月に入社した従業員も、6か月間、8割以上出勤したとみなし、翌年度の4月1日に付与する必要があります。

　入社時点で有給休暇を10日付与し、その後最初に到来する4月1日に11日付与する（基準日は年1回）という方法も考えられます。

　あるいは、基準日が年1回では、入社日の違いで次年度の付与までの期間に大きな差が出て不公平だと考えるのであれば（例えば、3月入社と5月入社では1年近く次の基準日到来まで差が出てしまう）、基準日を年2回（例えば、4月1日と10月1日）とする方法も考えられます。

　様々な制度設計が考えられるところで、労務管理の効率化と従業員間の公平性の調整の問題ですが、法律上定められている従業員の有給休暇取得日数を下回ったり、雇入れの日から有給休暇取得までの就労期間が長くなったりしないよう配慮が必要です。

[ケース24] 新型コロナウイルスなどに関連して事業を休止する場合は

　緊急事態宣言発出に伴う休業要請又は会社の判断に基づき休業した場合、従業員に対する休業手当についてどのような対応が必要になるでしょうか。

◆ポイント◆

　使用者の責に帰すべき事由による休業の場合、使用者は、休業期間中、平均賃金の100分の60以上の休業手当を払わなければならないとされています（労基26）。

　不可抗力による休業の場合は、使用者の責に帰すべき事由に当たらず、会社に休業手当の支払義務はありませんが、不可抗力による休業と認められるケースは限定的に考えられており、会社は、雇用調整助成金等の活用を検討した上で、休業手当を支払わないという措置は可能な限り回避することが望ましいと考えられます。

1　休業手当について

　使用者の責に帰すべき事由による休業の場合、使用者は、休業期間中、当該労働者に対して、その平均賃金の100分の60以上の手当を払わなければならないとされています（労基26）。

　この手当は、「休業手当」と称されています。

　休業手当の保障は、立法過程の当初は、「労働者の責に帰すことのできない事由」による休業の場合における従業員の最低生活の保障を図るという構想で提案されましたが、不可抗力の場合にまで会社の義務を広げるのは適当ではないとの指摘がなされ、結局、「使用者の責に帰

すべき事由による休業」に限定して立法化されました。

　「休業」とは、労働契約上、労働義務のある時間について労働をできなくなることであり、集団的（一斉）休業の場合と個々人のみの休業を問いません。

　また、丸1日の休業のみならず1日の所定労働時間の一部の休業も含まれます（昭27・8・7基収3445）。

2　帰責事由について

　従来、労働基準法26条の使用者の帰責事由に関しては、使用者に故意・過失がある場合か、あるいは、故意・過失がなく、休業を防止することが困難な場合でも、使用者側の領域において生じたものといい得る経営上の障害など（例えば、使用者に過失がない機械・設備の故障や検査、監督官庁の勧告による操業停止、親工場の経営難のための資材・資金の獲得困難など）を含むものと解されてきました。ただし、地震や台風などの不可抗力は含まれないと解されてきました。

3　緊急事態宣言発出に伴う休業要請について

　新型コロナウイルスに関連して従業員を休業させる場合、従業員へ休業手当を支払う必要があるのでしょうか。

　厚生労働省「新型コロナウイルスに関するQ＆A（企業の方向け）（令和4年1月26日時点版）」4－問1には、「休業期間中の賃金の取扱いについては、労使で十分に話し合っていただき、労使が協力して、労働者が安心し休むことができる体制を整えていただくようお願いします。」との前置きの後、「休業期間中の賃金の支払の必要性の有無などについては、個別事案ごとに諸事情を総合的に勘案するべきですが、労働者がより安心して休むことができるよう、就業規則等により各企業において、休業手当の規定（労基26）に定められている100分の60を

超えて（例えば100分の100）支払うことを定めていただくことが望ましいものです。なお、休業手当を支払った場合、支給要件に合致すれば、雇用調整助成金の支給対象になります。」と案内されています。

　緊急事態宣言発出に伴う休業要請が不可抗力による休業に当たるか否かについて明確な結論は示されていませんが、「不可抗力による休業の場合は、使用者の責に帰すべき事由に当たらず、会社に休業手当の支払義務はありません。ここでいう不可抗力とは、①その原因が事業の外部より発生した事故であること、②事業主が通常の経営者として最大の注意を尽くしてもなお避けることのできない事故であることの二つの要件を満たすものでなければならないと解されています。例えば、自宅勤務などの方法により従業員を業務に従事させることが可能な場合において、これを十分検討するなど休業の回避について通常会社として行うべき最善の努力を尽くしていないと認められた場合には、「使用者の責に帰すべき事由による休業」に該当する場合があり、休業手当の支払が必要となることがあります。」と説明されています（前掲Q＆A4-問1）。

　このような厚生労働省の考え方からすれば、会社として不可抗力による休業といえるかは慎重に検討する必要があり、休業手当の支払義務を免除されるケースは限定されることを念頭に置き、従業員の雇用を維持するためにも、会社は、雇用調整助成金等の活用を検討した上で、休業手当を支払わないという措置は可能な限り回避することが望ましいと考えられます。

　ただし、例えば、緊急事態宣言に伴う酒類提供禁止要請に基づき、居酒屋（酒類の提供ができなければ事業が成り立たない飲食店）が休業するような場合、①原因が事業の外部より発生しており、②事業主が通常の経営者として最大の注意を尽くしてもなお避けることのできない事態と評価する余地があるため、不可抗力と認められ、法的には

休業手当の支払義務が生じない可能性もあります。

4　会社の判断で休業した場合

　会社の自主的な判断で休業した場合、特段の合理的な休業理由が認められる場合を除き、一般的には、①原因が事業の外部より発生したとはいい難く、②事業主が通常の経営者として最大の注意を尽くしてもなお避けることのできない事態ともいい難いため、休業手当の支払義務は免除されないことが多いと考えられます。

5　非正規雇用労働者について

　非正規雇用労働者（パートタイマー・アルバイト・有期雇用労働者・派遣労働者等）も労働基準法の労働者に該当するため、会社は、非正規雇用労働者に対しても、正規雇用労働者（正社員）と同様に、休業手当を支払う必要があります。

　さらに、休業手当の支払にも、同一労働同一賃金の要請が及ぶため、正社員と非正規雇用労働者との間で異なる取扱いをする場合、パート有期法や労働者派遣法に定める「不合理な待遇の禁止」「差別的取扱いの禁止」に違反する可能性がありますので、慎重な対応が求められます。

6　就業規則等の規定について

　休業手当について就業規則や労働協約等に定めがあれば、会社は、従業員に対して、その定めに従い休業手当を支払う必要があります。ただし、労働基準法26条は強行規定ですので、同条に反して従業員に不利に、例えば「緊急事態宣言発出を理由に休業する場合には休業手当を支給しない」という条項を就業規則等に定めることはできないと考えられています。

第4　服務規律・ハラスメントに関する規定

[ケース25]　感染症流行期の移動の自粛を求める場合は

　　感染者数が増加している時期には、従業員には移動を自粛してもらい、接待や社内の懇親会はもちろんのこと、プライベートでの懇親会も控えてもらいたいのですが、どのような社内規程を整えればよいのでしょうか。

◆ポイント◆

　　基本的に従業員の私生活上の行動を制限することには問題があることに留意しつつ、企業秩序の維持の必要な範囲において、国や自治体から感染拡大防止のための休業要請等の有無等の具体的状況も考慮し、規定の作成を検討する必要があります。

1　健康管理に関する規定について

　会社は、事業の円滑な運営のために企業秩序を維持すべく、就業規則において、従業員の衛生管理や健康の保持増進に関する事項等、従業員の健康管理に関する一般的な服務規律を定め、これには、産業医の設置、健康診断、及びストレスチェック等に関する条項が含まれます。

2　感染症流行期における移動等の制限について

(1)　私生活上の行動制限の可否

　本ケースのように、会社が、感染症流行期において、接待や社内懇親にとどまらず私生活上の会食や旅行等の移動について自粛を求める

　ことは、従業員の罹患を防止し、また他の従業員等への感染拡大を防止することにより、事業運営に対する支障を未然に防ぐことが主な目的であり、上記の健康管理に関する規定の範疇となります。

　感染症流行期において従業員が移動等を行い、移動等との因果関係の有無はおくとしても万が一感染症に罹患した場合、当該従業員だけでなく、濃厚接触者となる従業員にも自宅待機等の措置を講じなければならず、当該従業員の具体的業務にとどまらず会社の事業自体にも支障が生じる可能性があります。さらに、これらの事実が世間に広まった場合には、会社の社会的信用がダメージを受ける可能性もあります。

　そのため、会社としては事業活動を円滑に遂行するため、従業員に対し、感染症流行期においては移動等の自粛を求める等何らかの行動制限についての措置を講ずる必要があります。

　この点、「企業秩序は、企業の存立と事業の円滑な運営のために必要不可欠なものであり、企業は、この企業秩序を維持確保するため、これに必要な諸事項を規則をもって一般的に定め、あるいは具体的に労働者に指示、命令することができ」、他方、「労働者は、労働契約を締結して企業に雇用されることによって、企業に対し、労働提供義務を負うとともに、これに付随して、企業秩序遵守義務その他の義務を負う」とされています（富士重工業事件＝最判昭52・12・13判時873・12）。そして、「企業秩序は、通常、労働者の職場内又は職務遂行に関係のある行為を規制することにより維持しうるのであるが、職場外でされた職務遂行に関係のない労働者の行為であっても、企業の円滑な運営に支障を来すおそれがあるなど企業秩序に関係を有するものもあるのであるから、使用者は、企業秩序の維持確保のために、そのような行為をも規制の対象と」することも許されるとされています（最判昭58・9・8判時1094・121）。

したがって、会社は、基本的には従業員の労働時間外の私生活上の行動を制限することはできませんが、企業秩序の維持に必要な場合は必要な限度において、私生活上の行動についても一定の制限をすることができると考えられます。

(2) 懲戒処分について

業務時間外の私生活上のものを含む行動については、基本的に制限はできず制限する場合も企業秩序の維持のために必要な限度でなければなりませんが、従業員が制限に違反して移動等を行った場合、懲戒処分を行うことができるかが問題となります。

懲戒処分は、当該懲戒に係る労働者の行為の性質及び態様その他の事情に照らして、客観的に合理的な理由を欠き、社会通念上相当であると認められない場合は、その権利を濫用したものとして、当該懲戒処分は無効とされます (労契15)。

したがって、違反行為があったことのみをもって直ちに懲戒処分相当とすることには問題があり、会社としては、上記の規範に沿って違反行為の具体的態様や程度、事業遂行上の支障及び行為との因果関係等の諸事情に鑑み当該懲戒処分を行うか否かを検討する必要があります。

本ケースのような私生活上の行動制限に違反した行動があった場合についても、行動制限に違反して移動や会食等を行った事実だけでなく、それにより生じた事業遂行上の支障等の諸事情を考慮する必要があります。

3 国や自治体から感染拡大防止のための休業要請等が出ている場合

感染症流行期においては、国や自治体から感染拡大防止のための休業要請等が発出されることがあり、この場合には、感染拡大がもたら

す具体的な危険が懸念される状況にあるといえます。このような状況
下において、従業員が万が一感染症に罹患した場合、都道府県知事に
よる就業制限（感染症18①②）等との関係により、当該従業員等は会社
への出社が制限され、上記のように、従業員の具体的業務にとどまら
ず会社の事業自体にも支障が生じる可能性があります。さらには感染
拡大防止に反する行為を会社自身が行うのはもちろん、感染拡大防止
に努めずに、従業員のそのような行為を会社が容認あるいは黙認する
ならば、会社の社会的信用が大きなダメージを受ける可能性もありま
す。

　したがって、このような状況となった場合は、会社としては、企業
秩序の維持に必要な範囲内において、感染拡大防止のための具体的な
措置を講ずる必要があり、従業員の私生活上の行為につき一定程度の
制限をし、この旨の規定を就業規則に設けることには合理性が認めら
れると考えられます。もっとも、就業規則は、随時の改訂等機動的な
対応に馴染まないものであり、また、国や自治体からの感染症防止の
ための要請等が発出された場合は、都度その具体的内容を反映させる
必要もあることから、就業規則においては一般的な条項を設け、上記
のように具体的な危険が迫る状況となった場合の規律については随時
の行動指針等に譲り、随時示して周知することも有用です（後掲
参考書式感染拡大防止のための行動指針（国や自治体から感染拡大
防止のための休業要請等が出ている場合）参照）。

4　国や自治体から感染拡大防止のための休業要請等が出ていない場合

　国や自治体から感染拡大防止のための休業要請等が出ていない場合
は、感染拡大がもたらす具体的な危険が懸念される状況までにはなく、
抽象的な危険にとどまる状況といえます。この場合、企業秩序の維持

の観点からの行動制限の必要性は、上記要請等が出ている場合に比して大きいものではないと考えられるため、業務時間外の私生活上のものを含む行動制限を行うにはより慎重な検討が必要であり、基本的には具体的な行動制限は困難であると考えられます。もっとも、感染症流行期ではあることから、従業員には、感染防止のための移動の自粛等の必要性について理解を求めていくことは依然重要であるため、行動指針を策定する場合は、従業員に対する行動の制約がより少ない方法の検討が必要です（後掲 参考書式 感染拡大防止のための行動指針（国や自治体から感染拡大防止のための休業要請等が出ていない場合）参照）。

【就業規則】　 DL

（感染症流行期における服務規律）
第〇条　感染症流行期においては、従業員は、別途示す行動指針に従い、感染拡大防止に努めるべく行動しなければならない。

＜作成上のポイント＞

就業規則上は上記のように一般的な条項とし、具体的な内容は、感染症流行期における国や自治体による感染拡大防止のための諸要請等や具体的状況を踏まえた内容による随時の行動指針に委任しています。

国や自治体からの要請等が出ている場合であっても、行動指針における制限の態様としては、基本的には業務時間外の私生活上のものを含む行動制限は、企業秩序の維持のために必要な限度でなければならないことを考慮し、「〜してはならない」等の禁止規定ではなく、「〜控えてください」等の自粛を求める訓示的規定としています（後掲 参考書式 感染拡大防止のための行動指針（国や自治体から感染拡大防止のための休業要請等が出ている場合）参照）。

国や自治体からの要請等が出ていない場合は、行動指針においては、移動等従業員の行動そのものの制限ではなく、事前に届出を求める等、従業

員に対する行動の制約がより少ない方法を規定しています（後掲
[参考書式]感染拡大防止のための行動指針（国や自治体から感染拡大防止
のための休業要請等が出ていない場合）参照）。

アドバイス

　私生活上のものを含む移動等の行動制限は上記のように限定的なもの
とならざるを得ないため、実効性を担保するためには、移動等する際に
は事前の届出、事後の報告を求めるなどの方法を併用することも有用で
しょう。

参考書式

○感染拡大防止のための行動指針（国や自治体から感染拡大防止のための休業要請等が出ている場合） DL

感染拡大防止のための行動指針

従業員各位

令和○年○月○日
○○株式会社

　新型コロナウイルスの感染が拡大しています。従業員の感染防止のため、当社就業規則第○条に基づき、下記のとおり行動指針を定めますので、各指針を遵守し感染防止に努めてください。

記

(1)　業務時間内外を問わず、取引先との会食及び社内懇親のための会食を控えてください。

(2)　私的な懇親会等の会食を控えてください。

(3)　不要不急の外出は控えてください。

(4)　不急の出張は見合わせてください。

(5)　県境をまたぐか否かを問わず、旅行、帰省等の遠方への外出を控えてください。

(6)　〔以下略〕

以上

○感染拡大防止のための行動指針（国や自治体から感染拡大防止のための休業要請等が出ていない場合）　DL

感染拡大防止のための行動指針

従業員各位

令和○年○月○日
○○株式会社

　新型コロナウイルスの感染が拡大しています。従業員の感染防止のため、当社就業規則第○条に基づき、下記のとおり行動指針を定めますので、各指針を遵守し感染防止に努めてください。

記

　以下の場合には、所定の届出書により、事前に届け出てください。

(1)　業務時間内外を問わず、取引先との会食及び社内懇親のための会食を行う場合
(2)　県境をまたぐ旅行、帰省等遠方へ外出する場合
(3)　〔以下略〕

以上

［ケース26］ テレワーク勤務者が業務に専念しない場合は

> テレワーク中のある従業員が、業務時間中なのに業務に集中せず、個人的な趣味に興じているようですが、これを防止するにはどのような社内規程を整えればよいのでしょうか。

◆ポイント◆

> テレワークは他の目が届きづらいという特殊性を有するので、通常の勤務における服務規律とは別に、就業規則中や別途の規程において、そのような特殊性に対応した服務規律を定め、テレワーク用の業務報告書を併用するなどして、従業員の職務専念についての意識を高める必要があります。

1 テレワークに対応した服務規律について

テレワークは、会社における通常の勤務形態と異なり、自宅等会社から離れた場所における勤務が可能となることにより、上司や他の従業員等の目が届かない場所において業務を行うものであるため、職務が適切に行われるか否かは、個々の従業員の意識・姿勢に任されることになります。そのため、従業員が職務に専念し適切な労働提供が行われるようにすべく、このように通常の勤務形態と異なるテレワークの性質を捉えた服務規律を作成する必要があります。

2 懲戒処分について

使用者は、事業の円滑な運営のための権利として、企業秩序を定立・維持する権限を有し、労働者は、労働契約を締結し雇用されることに

より労働提供義務、これに付随して企業秩序を遵守すべき義務を負う
とされています（最判昭52・12・13判時873・12等）。そのため、業務時間中
に業務に集中せず個人的な趣味に興じていた場合には、職務懈怠とな
り労働提供義務の不履行となるため、従業員は契約上の債務不履行責
任を負います。

　これに加えて、企業秩序を遵守すべき義務に違反し秩序を乱したも
のと認められる場合には、懲戒事由に該当し懲戒処分の対象となり得
ます。この場合、会社としては、職務懈怠の具体的態様や程度、事業
遂行上の支障及び職務懈怠行為との因果関係等の諸事情に鑑み当該懲
戒処分を行うか否かを検討する必要がありますが、客観的に合理的な
理由を欠き、社会通念上相当であると認められない場合は、その権利
を濫用したものとして、懲戒処分は、無効となります（労契15）。

【就業規則】 DL

（テレワーク勤務時の服務規律）

第○条　テレワーク勤務時においては、第○条に定めるもののほ
　　か、次の各号に定める事項を遵守しなければならない。

　(1)　テレワーク勤務時は業務に専念すること。

　(2)　会社が指定する場所以外で業務を行ってはならないこと。

　(3)　テレワーク終了後は、所定のテレワーク業務報告書を提
　　　出すること。

　(4)　（以下、情報の管理方法等他の条項）〔略〕

　2　前項に違反した場合は、違反の態様や程度によっては、第○
　条（懲戒）に定める懲戒事由に該当し得るものとする。

＜作成上のポイント＞

　上記のように、就業規則中の通常の勤務時における職務専念義務についての定めに加えて、テレワーク勤務時の服務規律においても職務専念義務に関する事項を重ねて規定し、懲戒事由に該当し得ることも加えることにより、服務規律遵守の徹底、注意喚起を更に促しています。

　さらに、職務専念を促し規定を実効性あるものとするために、上記第1項第3号のような条項を設け業務報告書（後掲 参考書式 テレワーク業務報告書参照）を求めることも有用でしょう。

アドバイス

　テレワーク勤務は、その性質上他の監視が届きづらいものであるため、従業員の職務専念についての意識を高めるため、服務規律を随時周知し人事考課にも積極的に利用するなどして、実効性あるものにすることが必要です。

○テレワーク業務報告書 [DL]

テレワーク業務報告書

作成日：令和○年○月○日

　私は、テレワーク業務を行いましたので、当社就業規則第○条第1項第3号に基づき、以下のとおり報告いたします。

氏　名	○○○○
所　属	○○部○○課
業務実施日	令和○年○月○日
業務開始時刻	午前9時00分
業務終了時刻	午後6時00分

時　間	業務内容	備　考
午前9時00分 〜 午前12時00分	勤怠管理規程の見直しリスト作成	作成後課長に提出
午後1時00分 〜 午後3時00分	コンプライアンス研修のプログラム起案	継続
午後3時00分 〜 午後5時00分	コンプライアンス研修の出席者名簿チェック	
午後5時00分 〜 午後6時00分	勤怠管理規程の見直し打合せ	A会議室

※「業務内容」欄には、実施した作業、調査内容、電話対応及び出席した会議等、勤務時間中に行ったものにつき詳細に記入してください。記入欄が足りない場合は、適宜追加してください。

※本報告書に記入の上、所属部部長、所属課課長及び総務課人事担当メーリングリスト（○○○○○@○○.ne.jp）を宛先として、業務実施日から2営業日以内にメール添付により提出してください。

［ケース27］　テレワーク中のパワハラを防止する場合は

　　多くの従業員が参加しているウェブ会議やビジネスチャットで、上司が部下の人格を否定するような言動をしないかと心配です。どのような社内体制を整えて対応すればよいのでしょうか。

◆ポイント◆

　　パワハラ防止については、事業主に対し、就業規則においてパワハラ禁止を定めること等の防止措置義務が課されています。テレワーク勤務時におけるウェブ会議やビジネスチャットにおいても、通常の勤務時におけるものと同様にパワハラ行為が行われることがありますので、他の従業員との直接の対面がないとのテレワークの特殊性を捉えた規定を設けることが必要です。

1　パワーハラスメントについて

　職場におけるパワーハラスメント（パワハラ）は、職場において行われる①優越的な関係を背景とした言動であって、②業務上必要かつ相当な範囲を超えたものにより、③労働者の就業環境が害されるものと定義されており（労働施策推進30の2）、上記①から③までの三つの要素を全て満たすものをいいます。なお、客観的に見て、業務上必要かつ相当な範囲で行われる適正な業務指示や指導は、パワハラには該当しません。

　また、パワハラが行われる「職場」について、通常就業している場所以外の場所であっても、業務を遂行する場所であれば「職場」に含まれるとされていますので（令2・1・15厚労告5　2(2)）、多くの場合テレ

ワークが行われる自宅も「職場」に当たります。

　パワハラに該当する代表的な類型として、厚生労働省は以下の6類型を挙げ、それぞれ該当、非該当と考えられる例を挙げています（令2・1・15厚労告5　2(7)）。

①　身体的な攻撃（暴行・傷害）

②　精神的な攻撃（脅迫・名誉毀損・侮辱・ひどい暴言）

③　人間関係からの切り離し（隔離・仲間外し・無視）

④　過大な要求（業務上明らかに不要なことや遂行不可能なことの強制・仕事の妨害）

⑤　過小な要求（業務上の合理性なく能力や経験とかけ離れた程度の低い仕事を命じることや仕事を与えないこと）

⑥　個の侵害（私的なことに過度に立ち入ること）

　個別の事案における言動がパワハラに該当するか否かについては、当該言動の目的、経緯や状況、態様・頻度、継続性、業種・業態、業務の内容・性質、労働者の属性や心身の状況、行為者との関係性、当該言動により労働者が受ける身体的又は精神的な苦痛の程度等、当該事案の様々な要素を総合的に考慮することになります（令2・1・15厚労告5　2(5)(7)）。

　本ケースのように、テレワーク勤務時において、多くの従業員が参加しているウェブ会議やビジネスチャットで、上司が部下の人格を否定するような言動を行うことも、対面で行われるものと同様にパワハラに該当し得るものです。

2　事業主のパワハラ防止措置義務について

　パワハラ防止を推進するため、令和元年法律24号により、令和2年6月1日に労働施策総合推進法の改正が施行され、事業主（大企業）に対し職場におけるパワハラ防止のために雇用管理上必要な措置を講じる

ことが義務化され、令和4年4月1日からは、中小事業主についても、義務化されます（令元法24改正附則3）。同法や上記告示においては、講じるべき措置として、パワハラの禁止や処分に関する規定を服務規律等を定めた就業規則等の文書において規定するなどしてパワハラ防止の方針を明確化すること等が指針として示されています。

① 就業規則においてパワーハラスメントの禁止を定める場合

【就業規則】 ⬜DL

（パワーハラスメント行為の禁止）

第〇条 従業員は、次の各号に掲げるパワーハラスメント行為をしてはならない。

(1) 暴行や傷害等の身体的な攻撃を行うこと。

(2) 人格を傷つける言動等の精神的な攻撃を行うこと。

(3) 〔以下略〕

2 前項に違反した場合は、第〇条（懲戒）に定める懲戒事由に該当し得るものとする。

3 テレワーク勤務時においては、本条に定めるもののほか別途定めるテレワーク勤務規程における規定による。

② テレワーク勤務規程においてパワーハラスメントの禁止を定める場合

【テレワーク勤務規程】 ⬜DL

（テレワーク勤務時におけるパワーハラスメント行為の禁止）

第〇条 テレワーク勤務時におけるパワーハラスメント行為は、就業規則第〇条第2号ないし第〇号について、対面で行われるもののほか、ウェブ会議やビジネスチャット等のオンライン上において行われるものも含む。

＜作成上のポイント＞

　テレワークは、主に自宅等の他の従業員と物理的に対面することがない場所における勤務形態である点に特殊性があり、身体的暴力等の性質上対面で直接接触することにより行われる物理的な攻撃はありませんが、ウェブ会議やビジネスチャット等オンライン上での発言等によるものは、対面で行われるものと同様にパワハラに該当し得るものです。そのため、テレワークの上記特殊性を捉えた条項を規定します。

アドバイス

　会社としては、パワハラをしてはならないという方針や相談窓口を従業員に周知させるとともに、パワハラが発生した場合には速やかに対応できる体制を整備することが必要です。また、相談者のプライバシーを保護し、相談者等に不利益な取扱いをされない旨を定めて、それを周知することも必要です。

　オンライン上において行われる発言ややり取り等については、録音や録画等により保存が可能な場合が多く、パワハラが行われたことの証拠を得やすいこともありますので、ウェブ会議が行われた場合やビジネスチャットを使用する際には都度録音や録画をすることとして、パワハラについての抑止力を持たせパワハラ防止をより実効性あるものにすることも有用でしょう。

[ケース28]　テレワーク中のセクハラを防止する場合は

> 　テレワークでは1対1のウェブ会議も多いので、性的羞恥心を掻き立てる言動がなされていないか、性的な特徴を揶揄する従業員が出ないか心配です。どのような社内体制を整えて対応すればよいのでしょうか。

◆ポイント◆

①　会社はセクハラ防止指針を明確に定めた上で周知・啓発し、セクハラ防止のための体制、苦情相談対応のための体制、原因の解消のための措置をとる義務があります。
②　セクハラ防止指針には、セクハラは同性に対しても成り立つこと、ウェブ会議での発言でも成り立つこと、セクハラに当たる具体的言動、相談・通報をしても不利益な取扱いをしないことを明記するとよいでしょう。
③　セクハラを原因として懲戒処分をする場合には、懲戒規定の有効性（懲戒事由と処分を就業規則に明記し事業所ごとに周知する）、懲戒処分の有効性（懲戒事由該当性、処分の相当性、手続の相当性）に注意する必要があります。

1　「セクハラ」の意味

　職場における「セクシュアルハラスメント」（以下「セクハラ」といいます。）とは、①「職場」において②従業員の意に反する③性的な言動が行われ、④－1これに対するその雇用する従業員の対応により当該従業員がその労働条件につき不利益を受け、又は④－2当該性的な言動により当該従業員の就業環境が害されることと解されており、これ

は同性に対するものも含まれ、また、性的指向や性自認にかかわらず該当します。事業主には、雇用管理上適切な措置を講じる義務があります（雇均11①）。

　「事業主が職場における性的な言動に起因する問題に関して雇用管理上講ずべき措置等についての指針」（平18・10・11厚労告615）及び「改正雇用の分野における男女の均等な機会及び待遇の確保等に関する法律の施行について」（平18・10・11雇児発1011002）によれば、「対価型セクシュアルハラスメント」（④−1）と「環境型セクシュアルハラスメント」（④−2）に分類されています。

2　ハラスメント防止策の策定について

　国際的にみても女性の社会進出、ハラスメント対策において後塵を拝していることが否めない日本において、職場におけるセクハラ対策は喫緊の課題といえます。

　厚生労働省もパワハラ、セクハラをはじめとする各種ハラスメントの防止のために男女雇用機会均等法その他の法令及び通達により、事業主が次の雇用管理上の措置を講じる義務があることを明示しています（平18・10・11厚労告615、平18・10・11雇児発1011002）。

①　事業主の方針（ハラスメントを許さず、ハラスメントを行った者には厳正に対処すること）の明確化及びその周知・啓発
②　相談・苦情申入れに応じ、適切に対応するために必要な体制の整備
③　職場におけるハラスメントの事後の迅速かつ適切な対応
④　ハラスメントの原因や背景となる要因を解消するための措置
⑤　上記①〜④と併せた措置（当事者のプライバシー保護の措置の実施・周知や相談等を理由に不利益な取扱いをしてはならない旨の定めと周知・啓蒙）

　これらを受け、会社はセクハラ防止のための方針の明確化及び周知・啓発や体制整備のための具体的な措置をとる義務があります。

　コロナ禍でテレワークが急速に普及し、ウェブ会議も頻繁に実施される昨今においてもこうした必要性は変わらず、むしろマンツーマンでの会議が増えることによりハラスメントの危険性は高まっているともいえます。「テレワークの適切な導入及び実施の推進のためのガイドライン」（令3・3・25基発0325第2・雇均発0325第3）においても、ハラスメントの防止対策を十分に講じる必要があるとされています。

　会社の方針の明確化、周知徹底のためには就業規則その他の服務規律を定めたものにその旨明記することに加え、社内報やパンフレット、社内ホームページなどを利用して周知・啓発することも検討すべきです。また、妊娠・出産・育児に関するハラスメントの発生要因となっている業務体制を改善するなど、従業員の実情に応じた措置をとる必要もあります。

　相談・苦情申入れや事後の迅速かつ適切な対応をするための体制整備については、専用窓口や担当者を設置することに加え、対応マニュアルを策定するなど、具体的な運用を念頭に置いた対応を検討する必要があります。

①　就業規則においてハラスメントの禁止を定める場合

【就業規則】　DL

　（職場におけるハラスメントの禁止）

　第○条　妊娠・出産・育児休業等に関するハラスメント、セクシュアルハラスメント及びパワーハラスメントについては、第○条（服務規律）及び第○条（懲戒）のほか、詳細は「職場におけるハラスメントの防止に関する規程」により別に定める。

② 職場におけるハラスメントの防止に関する規程を設ける場合

【ハラスメント防止規程】 DL

（目的）

第1条　本規程は、就業規則第○条及び雇用の分野における男女の均等な機会及び待遇の確保等に関する法律に基づき、職場におけるセクシュアルハラスメントを防止するために従業員（本規程における「従業員」とは、会社に勤務する全ての従業員をいう。）が遵守するべき事項並びに性的な言動に起因する問題に関する雇用管理上の措置等を定める。

（定義）

第2条　セクシュアルハラスメントとは、職場における性的な言動に対する他の従業員の対応等により当該従業員の労働条件に関して不利益を与えること又は性的な言動により他の従業員の就業環境を害することをいう。

2　前項の職場とは、勤務部店のみならず、従業員が業務を遂行する全ての場所(テレワーク中の従業員の自宅を含む。)をいい、また、就業時間内に限らず、実質的に職場の延長とみなされる就業時間外の時間を含むものとする。

3　第1項の他の従業員とは直接的に性的な言動の相手方となった被害者に限らず、性的な言動により就業環境を害された全ての従業員（同性を含む。）を含むものとする。

（禁止行為）

第3条　全ての従業員は、他の従業員を業務遂行上の対等なパートナーとして認め、職場における健全な秩序並びに協力関係を保持する義務を負うとともに、職場内において次の各号に掲げる行為をしてはならない。

(1) 性的及び身体上の事柄に関する不必要な質問・発言

(2) わいせつ図画の閲覧、配付、掲示

(3) うわさの流布

(4) 不必要な身体への接触

(5) 性的な言動により、他の従業員の就業意欲を低下せしめ、能力の発揮を阻害する行為

(6) 交際・性的関係の強要

(7) 執拗なウェブ飲み会への誘い

(8) 業務と関係のないSNSの交換

(9) 性的な言動への抗議又は拒否等を行った従業員に対して、解雇、不当な人事考課、配置転換等の不利益を与える行為

(10) その他、相手方及び他の従業員に不快感を与える性的な言動

2 上司は、部下である従業員がセクシュアルハラスメントを受けている事実を認めながら、これを黙認する行為をしてはならない。

（懲戒）

第4条 次の各号に掲げる場合に応じ、当該各号に定める懲戒処分を行う。

(1) 前条第1項第1号から第5号まで、第7号、第8号、第10号のいずれかを行った場合
　　就業規則第○条第1項に定めるけん責、減給又は出勤停止

(2) 前号において数回にわたり懲戒処分を受けたにもかかわらず改善の見込みがないと認められた場合又は前条第1項第6号、第9号若しくは同条第2項の行為を行った場合
　　就業規則第○条第2項に定める懲戒解雇

（相談及び苦情への対応）

第5条　セクシュアルハラスメントに関する相談及び苦情処理の相談窓口は本社及び各事業場に設けることとし、その責任者は人事部長とする。人事部長は、窓口担当者の氏名を人事異動等の変更の都度、周知するとともに、担当者に対する対応マニュアルの作成及び対応に必要な研修を行うものとする。

2　セクシュアルハラスメントの被害者に限らず、全ての従業員は性的な言動に関する相談及び苦情を窓口担当者に申し出ることができる。

3　対応マニュアルに沿い、相談窓口担当者は相談者からの事実確認の後、人事部長へ報告する。報告に基づき、人事部長は相談者の人権に配慮した上で、必要に応じて行為者、被害者、上司並びに他の従業員等に事実関係を聴取する。

4　前項の聴取を求められた従業員は、正当な理由なくこれを拒むことはできない。

5　対応マニュアルに沿い、所属長は人事部長に事実関係を報告し、人事部長は、問題解決のための措置として、前条による懲戒のほか、行為者の異動等被害者の労働条件及び就業環境を改善するために必要な措置を講じる。

6　相談及び苦情への対応に当たっては、関係者のプライバシーは保護されるとともに、相談をしたこと又は事実関係の確認に協力したこと等を理由として不利益な取扱いは行わない。

（再発防止の義務）

第6条　人事部長は、セクシュアルハラスメントの事案が生じたときは、周知の再徹底及び研修の実施、事案発生の原因の分析と再発防止等、適切な再発防止策を講じなければならない。

附　　則

本規程は、令和〇年〇月〇日より実施する。

＜作成上のポイント＞

　ハラスメント禁止規定を就業規則中に詳細に定めてしまうと冗長になり、従業員には閲読しにくいものとなる可能性があります。そこで、就業規則には委任規定を定めた上で、詳細については別規程に定めるのが便宜と考えられます。

　規程を策定するに当たっては会社の裁量がありますが、白紙委任ではなく、①セクハラは同性に対しても成り立つこと、②「職場」の内容と例を示すこと（ウェブ会議の場でも「職場」に当たること）、③当該規程が適用される「従業員」の範囲、④セクハラに当たる事例（性的な言動、行ってはならないことの例）の典型例を明記すること、⑤セクハラの相談、通報、調査協力によって不利益な取扱いをしないこと、を明記する必要があります（「改正雇用の分野における男女の均等な機会及び待遇の確保等に関する法律の施行について」（平18・10・11雇児発1011002））。

　また、防止策は有効かつ実態が伴うものでなければなりません。社内アンケートなどでハラスメントの実態把握をしたり防止策について従業員の意見を聴くことは、事業主が実態に即した防止策を策定できる上、ハラスメントの防止や職場環境整備にもつながります。

＜運用上のポイント＞

　規程を制定しただけでは不十分で、周知・啓発を継続しなければなりません。研修・講習等を行う場合には定期的に行うことや職階に応じた研修内容を実施することが効果的です。

　規程そのものを従業員に周知することはもちろんのこと、相談窓口を設置した場合には実質的な対応が可能なものであるなど実態を伴った体制となるよう整備することや、相談窓口（担当部署や担当者、通報用メールアドレス）を従業員に周知することも必要です。

　マンツーマンのテレワークでのウェブ会議は、物理的な接近はないものの、他の従業員も含めた第三者からのアクセスがないという点で職場の会議室以上に閉鎖的な空間で行われるため、よりハラスメントが行われやすい環境といえます。そのため、テレワークでのセクハラに該当する行為をできるだけ具体的に列挙し（業務とは関係のない容姿・体型・化粧への言

及など）、さらには直ちにはセクハラに当たらない言動であっても、業務上必要のない事項の質問や勧誘を禁ずる定めを置くことが望ましいといえます（自宅住所の詮索、私的な目的での通話やチャット機能の使用、執拗なウェブ飲み会への誘いなど）。

　また、当事者の関係や言動内容、性格、態様など個別の事案に応じた対応を行う必要があります。その際には、公正な立場で真摯に対応することは言うまでもありません。

3　懲戒処分をする場合

(1)　懲戒規定の存在

　関西電力事件（最判昭58・9・8判時1094・121）では、懲戒処分とは、企業秩序維持を理由として会社が企業秩序を乱した従業員に対して加える一種の制裁罰であると判示しています。

　もっとも、この懲戒処分を行う会社の権限も無制約ではなく、フジ興産事件（最判平15・10・10判時1840・144）では、会社が従業員を懲戒するには、あらかじめ就業規則において懲戒の種別及び事由を定め、事業場ごとにその定めを周知させなければならないと判示しています。

(2)　懲戒処分の有効性

　懲戒規定が有効であることを前提に、労働契約法15条は懲戒について「使用者が従業員を懲戒することができる場合において、当該懲戒が、当該懲戒に係る従業員の行為の性質及び態様その他の事情に照らして、客観的に合理的な理由を欠き、社会通念上相当であると認められない場合は、その権利を濫用したものとして、当該懲戒は、無効とする。」と定めています。

　したがって、懲戒処分が有効であるためには、①懲戒事由に該当する（客観的に合理的な理由があることを含みます。）こと、②処分の相当性、③手続の相当性を満たさなければなりません。以下、各要件に

ついて解説します。

① 懲戒事由該当性

　就業規則に定める懲戒事由に該当しなければ懲戒処分をすることはできませんので、まずは懲戒事由を明確に定めておく必要があります。そのため、セクハラが懲戒事由に当たることを明確に規定する必要があり、更にはいかなる行為がセクハラに該当するのかも明確に規定する必要があります。

　なお、懲戒処分の際に判明していなかった非違行為は、特段の事情のない限り、当該懲戒処分の有効性を根拠付けるものではないとした事例があります（山口観光事件＝最判平8・9・26判時1582・131）。

② 処分の相当性

　まず、懲戒処分を行うには処分を就業規則に定めておかなければなりません。例えば、けん責処分が相当だとしても、懲戒処分としてけん責処分を定めておかなければ、実際にけん責処分を行うことはできません。

　二つ目に、懲戒処分の内容は、従業員の行為の性質及び態様その他の事情に照らして相当なものでなければなりません（比例原則）。懲戒処分については会社の裁量が及び、ハラスメントの防止という時代の大きな流れがありますが、著しく相当性を欠く重い懲戒処分は権利の濫用として無効になる場合があります。

　三つ目に、同じ規定に同じ程度違反した場合にはこれに対する懲戒は同じ程度であることが求められます（公平性の原則）。ただし、過去セクハラについては黙認してきたという前例は合理性がありませんので、こうした合理性のない前例は懲戒処分をしない理由にはなり得ません。

　四つ目に、懲戒事由が発生した時期と懲戒時期が離れている場合には、懲戒処分が無効とされる場合があります。懲戒処分の意義が

　上記のとおり企業秩序維持のためであることに鑑みると、あまりに過去の事由に関する懲戒権の行使は無効とされる可能性がありますが、非違行為の程度や懲戒処分の程度などを考慮した個別具体的な判断が必要になります。

③　手続の相当性

　懲戒処分を行うには適正な手続を踏む必要があります。具体的には、就業規則に定めがあるか否かにかかわらず、本人に弁明の機会を実質的に与えないといけません。ただし、従業員の協力が前提となります。

(3)　懲戒処分の判断

　これらの事情を総合的に考慮して懲戒の有効性を判断します。近時はセクハラが被害者や企業に及ぼす悪影響から、重大な処分をする事例が増えています。

　女性従業員へセクハラ発言を繰り返した男性管理職員が出勤停止の懲戒処分を受けた事案について、明白な拒否の姿勢を示されていないとしても、被害者が内心で著しい不快感を抱きながらも、職場の人間関係の悪化を懸念して加害者に対する抗議や抵抗、会社に対する被害の申告を差し控えることが少なくないこと、セクハラの発言内容などから、明確に拒絶の意思表示をしなかったということを加害者に有利に参酌することは相当でない、と判示した事例があります（最判平27・2・26判時2253・107）。

[ケース29] テレワーク勤務者の情報セキュリティが問題に
なる場合は

在宅勤務中の従業員が機密情報を適切に管理できているの
か、また、テレワークによって機密情報にリモートアクセス
が可能となったので、情報漏洩が心配です。どのような社内
体制を整えて対応すればよいのでしょうか。

◆ポイント◆

情報漏洩を防ぐ対策は①ルールによる対策、②技術的な対
策、③物理的な対策に分けて検討するのが効率的で、①に関
しては就業規則と一体をなすものとして、テレワークに当た
り遵守すべき事項を定めた「テレワーク勤務規程」、会社がと
るセキュリティ対策の基本方針や従業員の対応すべき手順な
どを定めた「セキュリティガイドライン」「情報管理規程」を
それぞれ制定するのがよいでしょう。

1 テレワークをする場合の注意点

「テレワーク」とは、従業員が情報通信技術を利用して行う事業場
外勤務をいい、オフィスでの勤務に比べて、通勤時間の短縮とそれに
伴う負担の軽減、業務効率化による時間外労働の削減、育児や介護と
仕事の両立の一助となる等、従業員・会社双方にメリットがあります。

そして、テレワークは、ウィズコロナ・ポストコロナの「新たな日
常」、「新しい生活様式」に対応した働き方であると同時に、働く時間
や場所を柔軟に活用することのできる働き方として、さらなる導入・
定着を図ることが重要です（「テレワークの適切な導入及び実施の推進のた

めのガイドライン」（令3・3・25基発0325第2・雇均発0325第3））。

　しかし、こうした多くのメリットがあるテレワークですが、その形態には様々あり、形態ごとに検討しなければならない事項が多岐にわたります。そのため、テレワークの導入はしっかりとした準備が必要となり、特に顧客情報や従業員の個人情報といった機密情報の漏洩は企業の信用問題に直結しますので、セキュリティ対策は非常に重要な課題です。本ケースでは、情報セキュリティについて解説します。

2　セキュリティ対策

　テレワークに必要なセキュリティ対策を考える場合、①ルールによる対策、②技術的な対策、③物理的な対策に分けて検討するのが効率的です（厚生労働省「テレワークで始める働き方改革―テレワークの導入・運用ガイドブック―」）。

　①は、セキュリティに関する基本方針や行動指針を定めた規程を設けることです。テレワークを導入する際に「テレワーク勤務規程」や「テレワークガイドライン」を策定することが多いですが、その上で、「セキュリティガイドライン」「情報管理規程」が整備されているかを確認する必要があります。これらは服務規律として就業規則と一体となります。既にセキュリティガイドラインがある場合でも、情報を取り扱う事業全般に対し機能するか見直しをした上で、テレワークを導入した後の運用に適した規程にする必要があります。そして、これらの規程を従業員に対して周知し、遵守させることが重要です。

　そして、総務省の「テレワークセキュリティガイドライン（第5版）」では、テレワークにおけるセキュリティ対策が全面的に見直され、対策事項が13項目と倍増しました。同ガイドラインでは各項目につき基本的な対策と発展的な対策に分けて解説されており、会社の規模や具体的なテレワークの運用に応じて対策がとれるよう工夫されています。

3　テレワークでの服務規律に関する例

　テレワーク勤務規程において、テレワーク勤務時の服務規律を明記する例は次のとおりです。

【テレワーク勤務規程】　DL

（テレワーク勤務時の服務規律）

第〇条　テレワーク勤務者は就業規則第〇条及びセキュリティガイドラインに定めるもののほか、次に定める事項を遵守しなければならない。

(1)　テレワーク勤務の際に所定の手続に従って持ち出した会社の情報及び作成した成果物を第三者が閲覧、コピーしないよう最大限の注意を払うこと。

(2)　テレワーク中は業務に専念すること。

(3)　第1号に定める情報及び成果物は紛失、毀損しないように丁寧に扱い、セキュリティガイドラインに準じた確実な方法で保管・管理しなければならないこと。

(4)　テレワーク中は会社が許可した場所以外で業務を行ってはならないこと。

(5)　モバイル勤務者は、会社が指定する場所以外でパソコンを作動させたり重要書類を閲覧してはならないこと。

(6)　モバイル勤務者は、公衆無線LANスポット等漏洩リスクの高いネットワークへの接続は禁止すること。

(7)　テレワーク勤務の実施に当たっては、会社情報の取扱いに関し、セキュリティガイドライン及び関連規定を遵守すること。

＜作成上のポイント＞

　テレワーク勤務を実施するに当たり定める事項は労働時間の管理や費用

負担の取決めなど多岐にわたるため、就業規則とは別に定めるテレワーク勤務規程に定める方が簡便です。

また、テレワークを行うに当たり情報漏洩を防ぐためにセキュリティ対策を十分に行う必要があることから、技術的な対策、物理的な対策も念頭に置いた規定も定める必要があります。細かな技術的な定めは別途定めるセキュリティガイドラインで詳細に定めておくのが従業員への周知、浸透には適切といえます。

なお、セキュリティガイドラインとは、オフィス外からのアクセスや電子メール送受信などに関する制限、顧客との打合せで発生するデータや端末の持ち出し方法など、業務を行う上で遵守すべきセキュリティの考え方をまとめるもので、主に①基本方針、②対策基準（実施事項、遵守事項を定めたもの）、③実施手順（具体的に実施する際の手順の定め）の三つの構成で作成されます。内容は企業規模、保有する情報資産、業種・業態により様々ですので、企業活動に合致したガイドラインを定めることになります。

個々の従業員が禁止事項を理解できるように、セキュリティ上問題のある行動や禁止する事項を明確に定めておくとよいでしょう。総務省の「テレワークセキュリティガイドライン（第5版）」に詳細が定められています。

セキュリティガイドラインの具体的な書式は独立行政法人情報処理推進機構の「中小企業の情報セキュリティ対策ガイドライン（第3版）」の付録が参考になります。

[ケース30] テレワークの場所を自宅のみに限定する場合は

> 　自宅以外の外部でテレワークをすると、機密情報の漏洩や感染リスクがあるので、自宅以外の場所でのテレワークを防止したいのですが、どのような社内規程を整備すればよいのでしょうか。

◆ポイント◆

> 　従業員が在宅勤務を行うには、会社が定める在宅勤務許可申請書による申出と会社の許可が必要であるとの定めを置き、会社としては、従業員の自宅を就業場所として申請している場合にのみ許可するという運用が考えられます。ただし、従業員の業務内容や環境によっては、自宅以外での在宅勤務を許可しても会社に支障がないこともありますので、総合的な判断が必要になります。
>
> 　違反した従業員は職務命令違反を理由に、在宅勤務許可の取消しや、懲戒処分の対象となる場合があります。

1　テレワークを実施する場合の注意点

　テレワークには、在宅勤務以外にもモバイルワーク勤務、サテライトオフィス勤務などの形態があり、それに応じたセキュリティ対策を講じる必要があります。

　近時改定された総務省によるセキュリティガイドライン（総務省「テレワークセキュリティガイドライン（第5版)」）では検討項目が倍増し、テレワークを導入することは労使双方にメリットがあるものの、導入に当たって会社の負担が増すことも事実です。

　そのため、会社の規模、業務内容、対応できるセキュリティ対策など企業の置かれた条件に応じて、導入するテレワークの形態を限定してもよいでしょう。

　就業規則とは別にテレワーク勤務規程を設けている場合には、在宅勤務について、次の規定例が考えられます。

【テレワーク勤務規程】 DL

（在宅勤務の定義）

第○条　在宅勤務とは、従業員の自宅、その他自宅に準ずる場所（会社指定の場所に限る。）において情報通信機器を利用した業務をいう。

2　当面の間、テレワーク勤務は在宅勤務のみとする。

（在宅勤務の対象者）

第○条　在宅勤務の対象者は、就業規則第○条に定める従業員であって次の各号の条件を全て満たした者とする。

　(1)　在宅勤務を希望する者

　(2)　自宅の執務環境、セキュリティ環境、家族の理解のいずれも適正と認められる者

2　在宅勤務を希望する者は、所定の許可申請書に必要事項を記入の上、○日前までに所属長の許可を受けなければならない。

3　会社は、業務上その他の事由により、前項による在宅勤務の許可を取り消すことがある。

4　第2項により在宅勤務の許可を受けた者が在宅勤務を行う場合は、前日までに所属長へ利用を届け出ることとする。

＜作成上のポイント＞

　セキュリティ上の問題から在宅勤務のみを認める場合には、その旨を明

記した方がよいでしょう。また、在宅勤務を導入するとしても許可制とし（後掲 参考書式 在宅勤務許可申請書参照）、従業員の自宅等が、セキュリティ環境など機密情報を取り扱うにふさわしい環境か否かを会社があらかじめチェックできればなおよいでしょう。

＜運用上のポイント＞

　在宅勤務を許可する際、従業員の自宅を就業場所として申請している場合にのみ許可するという運用が考えられます。ただし、従業員の業務内容や環境によっては、自宅以外での在宅勤務を許可しても会社に支障がないこともありますので、総合的な判断が必要になります。

　また、従業員の個人所有のパソコンを業務に使用させることについては、業務外の使用によってコンピューターウイルスに感染する危険がありますので、注意が必要です。在宅勤務で個人所有のパソコンの使用を認めない場合には会社がパソコンを貸与することになりますので、会社が貸与したパソコンの私的利用を禁止する必要があります。

2　自宅以外の場所でテレワークを行った場合の対処

　在宅勤務として就業する場所が限定されているとして、会社が許可していない場所で就業した場合には、テレワーク勤務規程や服務規律に違反することとなる上、業務命令違反にも該当します。

　そのため、まず会社は当該従業員のテレワーク勤務の実態について調査する必要があります。そして、従業員は会社の調査に協力する義務があり（最判昭43・8・2判時528・82）、会社は従業員に具体的な状況説明（就業場所の詳細、実施した作業内容、回数、作業時間など）、そのような行動をした理由、再発防止のための方法などを記載した報告書や始末書の提出を命じることもできます。

　調査の結果、違反の程度やその理由によっては、在宅勤務の許可の取消し、懲戒処分の対象ともなり得ます。懲戒処分の詳細については［ケース28］を参照してください。

参考書式

○在宅勤務許可申請書　DL

在宅勤務許可申請書

申請日：令和4年1月10日

株式会社○○
○○部○○課　　○○○○殿

所属：○○部○○課
氏名：○○○○　　㊞

　私は、在宅勤務を希望しますので、以下のとおり申請します。

1　実施業務の内容
　契約書チェック、担当部署との打合せ、その他文書作成

2　在宅勤務開始希望日及び期間
　(1)　勤務開始日　　令和_4_年_2_月_1_日
　(2)　在宅勤務期間　□1週間　□2週間　□1か月
　　　　　　　　　　☑令和_4_年_2_月_1_日から
　　　　　　　　　　令和_4_年_4_月_1_日まで

3　在宅勤務の頻度
　(1)　毎日
　②　週_2_日（希望がある場合は以下の曜日に○を付すこと）
　　　　　　　　月・㊋・水・木・㊎・土・日
　(3)　月___日（特定の日がある場合にはその日を、日数が見込まれ
　　　　　　　　る場合にはその日数を記載すること）
　　　　　　　　特定日（毎月___日、___日、___日、___日）

4　勤務場所
　住所：○○県○○市○○1－2－3（自宅）
　自宅以外の場合はその理由：

5　設備状況

　(1)　電話・FAXの有無　　㋑　・　無

　　　　ある場合はその番号　　TEL〇〇－1234－5678/FAX同左

　(2)　パソコン環境

　　　　（機種：〇〇〇、OS：〇〇〇〇、セキュリティソフト：〇〇〇〇

　　　　ファイル共有ソフトの利用の有無・その種類　　　無し　　　）

　(3)　その他　（　　　　　　　　　　　　　　　　　　　　　　　）

6　在宅勤務を申請する理由

　新型コロナウイルス感染防止のため

第5　その他勤務に関する規定

［ケース31］　感染流行地に出張又は転勤を命じる場合は

　当社の事業の性質上、たとえ感染者が増加している地域であっても、出張や転勤をしてもらう必要があるのですが、どのような社内体制を整えて対応すればよいのでしょうか。

◆ポイント◆

　一般に出張を命じるには、就業規則等の根拠は必要ありませんが、転勤を命じるには、就業規則等にその旨を定めておく必要があります。ただ、感染流行地に出張や転勤を命じる場合には、感染防止対策をしっかりと実施しつつ、当該出張や転勤を行う業務上の必要性等を十分検討した上で命じないと、出張命令や転勤命令が権利の濫用として許されない場合があることに注意が必要です。

1　出張と転勤

(1)　出張とは

　出張とは、短期的、一時的に従業員の勤務場所を変更することをいいます。出張命令は、一般的に労務指揮権の範囲内に属することであるから、就業規則に根拠を求めるまでもなく有効に発することができると解されています（石川島播磨重工業事件＝東京地判昭47・7・15判タ279・183）。

(2)　転勤とは

　出張と似た概念に転勤がありますが、いわゆる配置転換（配転）の一部と解されます。すなわち、配転とは、同一会社の下での勤務場所・

勤務内容の相当長期にわたる変更をいい、転居を伴うものは「転勤」、同一事業所内での部署の変更は「配置転換」と呼ばれますが、以下、まとめて「配転」ということにします。我が国では、長期雇用を前提に、勤務地・職務内容を特定されずに採用され、ローーテーション人事により種々の職務を経験しつつ昇進していくことが多かったので、配転は極めて活発に行われてきました。もっとも、長期雇用が崩れ、働き方が多様化するとともに、新型コロナ禍において在宅勤務を採用する会社が多くなっている現在、配転の位置付けも変化していくかもしれません。

　会社が従業員に対し、転勤を含む配転を行うには、出張の場合と異なり、就業規則にその旨の定めを置くことが必要です。

2　新型コロナ禍での出張命令の可否

　前記1(1)のとおり、出張命令は、原則として指揮命令権によって可能となりますが、それは平時でのことです。従業員が会社に対して負う労働義務については、生命・身体に対する特別の危険を及ぼす就労は労働義務の範囲を超え、指揮命令の効力は否定される可能性があります。そこで、新型コロナ禍での就労は、その状況によっては、従業員の生命・身体に対する特別な危険を伴う就労を意味し、出張命令の効力が否定されると説く見解があります（土田道夫「新型コロナ危機と労働法・雇用社会(1)」法曹時報73巻5号843・847頁（2021））。

　また、仮に出張命令自体が可能である場合でも、新型コロナウイルスの感染力は高く、従業員の感染リスクがあるため、①感染状態が収束していない中で、②会社が何ら感染防止対策を講じないまま漫然と出張を命じ、しかも③テレワークが可能な業務であるような場合には、出張命令について指揮命令権の濫用（労契3⑤）が成立する可能性があるといえるでしょう（土田・前掲844・847頁）。

　このように、新型コロナウイルス感染症等の感染者が増加している地域であっても、会社は従業員に対し、出張を命じることは可能な場合がありますが、従業員が感染しないように感染防止対策を十分に講じることが、その前提として要求されることに注意しなければなりません。

3　配転に関する労働法上の規律

　配転、特に勤務地の変更を伴う転勤は、住み慣れない場所への移動という環境の変化をもたらすとともに、共働きの従業員、子育て世代の従業員、介護をしている従業員など、従業員の私生活への影響も少なくありません。そこで、会社が従業員に配転を命じるには、以下の要件を満たす必要があります。

(1)　労働契約上の根拠の存在

　個別の労働契約や就業規則には、会社は業務上の都合により従業員に転勤を命ずることができる旨の定めがあるのが通常であり、全国にある営業所等の間で転勤を頻繁に行っている会社もあります。そこで、従業員の採用に際し勤務地を限定する合意がなされなかった場合、会社は、従業員の個別的同意なしに転勤を命じることができると解されています（東亜ペイント事件＝最判昭61・7・14判時1198・149）。

　もっとも、職種や勤務地を特定する旨の合意が認められる場合には配転命令が否定されることがありますが、職種や勤務地を特定する合意の有無は、労働契約の解釈の問題ですから、採用時の会社の言動、求人広告の内容、勤務形態の区分等を踏まえて契約内容を慎重に検討する必要があるといわれています。

(2)　配転命令が権利濫用に該当しないこと

　配転を命じることができる根拠が存在する場合でも、会社の配転命令が認められないことがあります。すなわち、会社の配転命令権も無

制約に行使できるものではなく、配転命令が権利の濫用（労契3⑤）に当たる場合には配転命令自体が無効になるという判例法理があります（前掲東亜ペイント事件）。

　そして、配転命令が権利の濫用に当たるかどうかは、配転に関する業務上の必要性と従業員が被る不利益との比較衡量によって決せられます。具体的には、配転命令につき、業務上の必要性が存在する場合か、存在する場合でも当該配転命令が他の不当な動機・目的をもってされたものであるとき、若しくは従業員に対し通常甘受すべき程度を著しく超える不利益を負わせる等特段の事情が存する場合には、その配転命令は権利の濫用となります。もっとも、判例が考慮する「業務上の必要性」は、「余人をもって替え難い」といった高度なものである必要はないこと、単身赴任を強いられることは「通常甘受すべき程度」であると判断されやすいこと等に留意すべきです。他方、判例のいう「不当な動機・目的」としては、嫌がらせや退職へ追い込むための配転などが考えられます。

　また、従業員の就業場所を変更しようとする場合には、従業員の育児や介護の状況に配慮しなければなりませんが（育児介護26）、この点も権利濫用に当たるかを判断する際に考慮されます。

　以上は、平時の下での配転命令に関する議論ですが、新型コロナ禍での配転命令については、更に出張命令の際に検討した上記2①〜③がそのまま妥当すると思われます。

4　従業員が出張命令や配転命令に従わない場合

　会社の出張命令や配転命令に対し、従業員が正当な理由なくこれを拒否した場合は、就業規則等に定められた懲戒処分を検討することになります。

　では、新型コロナウイルス感染症等の感染者が増加している土地への出張や転勤を命じる場合はどうでしょうか。会社が感染防止対策等

を十分講ぜず漫然と出張命令や配転命令を出した場合には指揮命令権等の濫用に当たります。したがって、従業員が当該命令を拒否することには正当な理由があり、それにもかかわらず会社が出張命令や配転命令の拒否を理由に懲戒処分を強行すれば、懲戒権の濫用（労契15）となります。

　これに対し、会社が感染防止対策を十分講じたにもかかわらず、従業員が出張命令や配転命令を正当な理由なく拒否し、それによって会社秩序を乱す場合には、懲戒処分の検討の余地はありますが、新型コロナウイルス感染症の感染状況等に鑑み、この場合に懲戒権を発動することについては慎重を期すべきでしょう（土田・前掲846頁、東京弁護士会法友会編『新生活様式対応　人事労務管理のポイント』207頁（新日本法規出版、2020））。

5　会社の安全配慮義務等

　会社は、出張や配転を命じる場合に限らず、労働契約に基づき、従業員がその生命、身体等の安全を確保しつつ労働することができるよう、必要な配慮をする、という意味で安全配慮義務を負っています（労契5）。上述した感染防止対策は、まさに新型コロナウイルス感染症の蔓延防止のために「必要な配慮」（労契5）を意味するといえるでしょう。

　このように会社は、従業員に対し安全配慮義務を負っていますから、会社が感染防止対策を十分に講じないまま出張や配転を命じた結果、従業員が新型コロナウイルス感染症に感染した場合には、当該出張命令等と従業員の感染との間に相当因果関係が認められることを前提に、会社の安全配慮義務違反が認められることがあります（土田・前掲845頁）。

　なお、従業員が会社の業務に起因して新型コロナウイルス感染症に感染した場合には労災と認定される可能性があります。新型コロナウイルス感染症に関する労災の扱いについては、厚生労働省が通達（「新

型コロナウイルス感染症の労災補償における取扱いについて」（令2・4・28基補発0428第1）) を出していますから、参照してください。

【就業規則】　(DL)

```
（配置転換）
第○条　会社は、業務上必要がある場合に、従業員に対して就業
　　する場所及び従事する業務の変更を命ずることがある。この場
　　合、従業員は正当な理由なくこれを拒むことはできない。
　2　前項の命令は、業務上の必要性、対象者の選定に係る事情、
　　対象者の生活への影響その他の事情に照らして、その権利を濫
　　用するものであってはならない。
```

＜作成上のポイント＞

　第1項は、会社に配転命令権があること、従業員は正当な理由なく当該命令を拒否することはできないことを明記します。

　第2項については、配転命令権の行使が権利濫用に当たることがあることを注意的に規定するものです。権利濫用は労働契約法3条5項にも規定がありますので、第2項は本来規定しなくてもよいのですが、権利濫用になる可能性があることを会社自身に注意喚起するとともに、権利濫用に関する考慮要素を明記していますので、参考にしてください。

アドバイス

　配転命令の有効性が争われる事案の多くは、当該配転命令が権利の濫用に当たるか否かが争点となっています。そこで、感染者が増加している地域への出張や配転を行う際には、単に対象者の人選に問題がないかだけでなく、テレワークによらずに出張や転勤によらなければ業務上の目的が達成できないか、当該地域へ従業員を送るに当たって感染防止対策を十分に講じているか等を慎重に検討する必要があります。

［ケース32］　感染症の影響で一部の従業員に業務が偏る場合は

　　新型コロナウイルス感染症の影響が想定外に大きく、一部の従業員に業務が偏ってしまい、ある程度の残業をしてもらう必要があるのですが、どのような社内体制を整えて対応すればよいのでしょうか。

◆ポイント◆

　　出社が可能な一部の従業員に業務が集中しても、法定労働時間（1日8時間・週40時間）を遵守するよう配慮する必要があります。
　　三六協定を締結することで、時間外労働をさせることが可能ですが、月45時間・年360時間が時間外労働の限度時間です。
　　三六協定に「特別条項」を設けることで臨時的に限度時間を超えて労働させることも可能ですが、時間外労働は年720時間以内、月100時間未満、2か月〜6か月平均がいずれも80時間以内などの上限に違反すると刑事罰の対象となるので厳格な労働時間管理が必要です。

1　時間外労働をめぐる法規制

　1日8時間・週40時間の法定労働時間を超えて労働させる場合には労使協定（三六協定）を締結する必要がありますが（労基36①）、その場合でも月45時間・年360時間が時間外労働の限度時間ですので、適切な労働時間管理が必要となります（詳細は［ケース19］を参照）。

2 特別条項の利用

　三六協定においては、臨時的な特別の事情があって労使が合意する場合（特別条項）には、限度時間（月45時間・年360時間）を超えることができるとされています（労基36④⑤、平30・9・7厚労告323）。

　新型コロナウイルス感染症の影響で、少なくない数の従業員の欠勤が続き、一部の従業員に業務が偏ってしまい、相当の残業をしてもらう必要がある場合に、三六協定の特別条項を利用することが考えられます。

　ただし、上記告示では、特別条項の運用について、「当該事業場における通常予見することのできない業務量の大幅な増加等に伴い臨時的に限度時間を超えて労働させる必要がある場合をできる限り具体的に定めなければならず、「業務の都合上必要な場合」、「業務上やむを得ない場合」など恒常的な長時間労働を招くおそれがあるものを定めることは認められないことに留意しなければならない。」とあり、感染症の影響によって時間外労働が増える事態を明記していない場合に対応できるのかが問題となります。

　この点、今般の新型コロナウイルス感染症の状況については、三六協定の締結当時には想定し得ないものであると考えられるため、例えば、三六協定の「臨時的に限度時間を超えて労働させることができる場合」に、繁忙の理由が新型コロナウイルス感染症とするものであることが明記されていなくとも、一般的には、特別条項の理由として認められるものとされています（厚生労働省「新型コロナウイルスに関するQ＆A（企業の方向け）（令和4年1月26日時点版）」5－問2）。

　もっとも、特別条項によっても、①時間外労働が年720時間の範囲内、②1か月45時間（3か月を超える変形労働時間制は42時間）の限度時間を超えることができるのは年6か月以内、③1か月当たりの時間外労働と休日労働の合計時間は100時間未満かつ、2か月平均、3か月平均、4か月平均、5か月平均、6か月平均がいずれも80時間以内という限度が

あり（労基36⑤⑥）、これに違反した場合は刑事罰に処せられますので（労基119）、厳格な労働時間管理が必要です。

　特別条項を設けた三六協定の例は次のとおりです。

【時間外労働及び休日労働に関する協定書】　DL

（時間外労働）

第○条　業務上やむを得ない事由があるときは、時間外労働をさせることがあるが、時間外労働の限度時間は1か月40時間、1年350時間とする。

（特別条項）

第○条　次の特別な事情がある場合は、事前の労使協議により、前条の限度時間を超えて時間外労働をさせることができる。ただし、1か月80時間の時間外労働時間を超えることはできず、限度時間を超えることができる回数は年6回までとする。

(1)　通常の受注量を大幅に超える発注への対応

(2)　大口顧客からの突発的な仕様変更

(3)　納品トラブル・大規模クレームの対応

(4)　システムトラブルによる遅延等への対応

(5)　感染症その他の自然災害によるトラブルへの対応

（休日労働）

第○条　業務上やむを得ない事由があるとき、その他緊急の必要がある場合には、休日労働をさせることがある。

（有効期間）

第○条　本協定の有効期間は協定の日より1年間とする。

令和○年○月○日

　　　　　　　　　　　　使用者　　○○株式会社

　　　　　　　　　　　　　　代表取締役　　○○○○

　　　　　　　　　　　労働者代表　　○○○○

＜作成上のポイント＞

　特別な事情（臨時的に限度時間を超えて労働させることができる場合）は、具体的に記載しなければなりません。

　また、限度時間を超える場合に労使がとる手続（事前に労使協議をする旨など）を具体的に定めるのが望ましいと考えます。

　延長する時間や回数も規定した方がよいですし、割増賃金率も明記しておくと分かりやすいです。

　特別条項を設ける三六協定の書式については、労働基準監督署に提出する「時間外労働・休日労働に関する協定届（限度時間を超えて時間外・休日労働を行わせる場合（特別条項））」（労基則様式9号の2）を利用して、会社と従業員代表が連名で作成することで、三六協定と届出を一体として作成することが可能です（厚生労働省「三六協定届・1年単位の変形労働時間制に関する書面　作成支援ツール」）。

アドバイス

　厚生労働省は、「労働基準法第36条第1項の協定で定める労働時間の延長及び休日の労働について留意すべき事項等に関する指針」（平30・9・7厚労告323）を定め、時間外労働・休日労働を必要最小限にとどめること、会社は安全配慮義務を負っているので労働時間が長くなると過労死との関連性が強まることに留意すること、業務の区分を細分化して業務の範囲を明確にすること、休日労働の日数・時間数をできるだけ少なくすること、従業員の健康・福祉を確保することなどを求めていますので、時間外労働がなるべく発生しないよう、配慮することが肝要といえます。

第6　福利厚生・安全衛生に関する規定

1　福利厚生

[ケース33]　自転車通勤・自動車通勤を許容する場合は

> 当社では、従業員の新型コロナウイルスの感染防止のため、電車通勤ではなく自転車通勤や自動車通勤を新たに認めようと考えています。このような場合、就業規則にどのような規定を設ければよいでしょうか。

◆ポイント◆

新型コロナウイルス感染症の感染拡大防止の観点から、自転車通勤や自動車通勤を認めている会社も少なくないと思われます。他方で、従業員が通勤に自転車や自動車を利用すれば、従業員が交通事故に巻き込まれたり、従業員が加害者となったりする可能性もあります。そこで、会社が自転車通勤や自動車通勤を認める場合には、自転車通勤規程・自動車通勤規程を整備して、一定の要件を満たした従業員のみに自転車・自動車の利用を認めるとともに、万一、従業員が通勤中に第三者に損害を与えたとしても、会社に損害賠償責任が及ばないように注意する必要があります。

1　自転車通勤・自動車通勤の必要性

電車やバス等の公共交通機関を利用した通勤は、長時間にわたり密閉された空間にとどまらざるを得ません。そうすると、新型コロナウイルス感染症がこれほどまでに蔓延した昨今、感染拡大防止の観点か

ら、自動車や自転車を利用した通勤を推奨する会社が少なくないことも頷けるところです。

　他方で、自転車通勤や自動車通勤には、通勤途中において交通事故に巻き込まれる可能性があります。また、従業員が通勤途中に交通事故を発生させ、第三者に損害を与える可能性もあり、この場合は後述のとおり会社が第三者に対する損害賠償責任を負う可能性もあります。そこで、会社としては、従業員の自転車通勤・自動車通勤を認める場合は、従業員や会社が不測の損害を被らないようにするため、就業規則内にこれら通勤に関する規定を設ける又は自転車通勤規程・自動車通勤規程といった別規程を設けることにより、自転車通勤・自動車通勤に関するルールについて社内規程を整備しておく必要があると考えられます。

2　事前申請と許可

　自転車通勤や自動車通勤が新型コロナウイルス感染症の感染拡大防止の観点から好ましいとしても、後述の第三者に対する損害賠償責任などの問題もあるため、これを無制限に認めることは会社として相当ではありません。そこで、通勤に使用する自転車や自動車の仕様など要件を定めた上で、自転車通勤と自動車通勤について会社の許可制とすることが考えられます。ここでいう資格要件ですが、後述する任意保険に加入すること等はもちろんのこと、他にも通勤距離を一定の範囲に限定することなどが考えられます。

3　保険加入の義務化

　自動車の場合、自賠責保険のほか、任意保険が広く普及していますが、自転車の賠償保険については現時点で広く普及しているとはいえないでしょう。他方で、通勤途中に従業員が交通事故の加害者となり

得ることは、自動車に限らず自転車を利用する場合にも当てはまり、しかもその事故が人の死亡につながる重大事故にある可能性がないとはいえません。そこで、会社としては、会社が負う賠償責任についてのリスクを減らす観点から、自動車通勤のみならず、自転車通勤の場合にも任意保険の加入を義務付けるべきでしょう。この点を明確にするため、会社が自転車通勤を許可する資格要件として、任意保険加入の義務付け、保険証券等の資料の提出を求めることができることなどを自動車通勤規程や自転車通勤規程に明記すべきです。

4 交通ルールの遵守の徹底

　自動車通勤をする従業員が交通ルールを遵守することは言うまでもありませんが、自転車通勤についても同様です。道路交通法上、自転車は軽車両と位置付けられています（道交2①十一）。歩道又は路側帯と車道の区別のあるところは、自転車は車道通行が原則です（道交17①）。その他、飲酒運転は禁止、一部の例外を除き原則二人乗りは禁止（道交57②、各都道府県の公安委員会が定める道路交通規則参照）、並走は原則禁止（道交19）、夜間はライトを点灯する（道交52①）等の交通ルールを遵守することは当然です。また、自転車通勤をする従業員に対し、ヘルメット着用を義務付ける会社もあるようです。いずれにしても、交通ルールを遵守することを自動車通勤規程はもちろん、自転車通勤規程にも明記すべきです。

　このように、会社としては、従業員や一般市民の安全確保のため、通勤の際の事故の可能性を減らすよう、従業員に対し交通ルールを遵守すべく教育・啓発を行うべきでしょう。

5 通勤中の事故と会社の責任

　従業員が通勤中に交通事故を起こして第三者に損害を与えた場合、

会社がその賠償責任を負う場合があります。

　自転車通勤と自動車通勤に共通のものとして、使用者責任があります。使用者責任とは、被用者である従業員が「事業の執行について」、第三者に損害を与えた場合に、当該従業員のみならず会社も連帯して損害賠償責任を負うというものです。もっとも、使用者が被用者の選任及びその事業の監督について相当の注意をしたとき、又は相当の注意をしても損害が生ずべきであったときは使用者責任を負わないものとされています（民715①ただし書）。「事業の執行について」の解釈に関して、交通事故のような事実的不法行為については、「事業の執行行為を契機とし、これと密接な関連を有すると認められる行為によって」損害が発生した場合も含まれると解されているので（最判昭43・1・30判時511・42、最判昭45・2・26判時588・75等、塩崎勤ほか『専門訴訟講座①　交通事故訴訟』922頁（民事法研究会、第2版、2020））、勤務時間中だけでなく、通勤途中に従業員が事故を起こしてしまった場合でも使用者責任が認められてしまう可能性があります。

　また、自動車通勤の場合は、会社が自動車損害賠償保障法上の運行供用者責任（自動車損害賠償保障法3本文）も問われる場合があります。運行供用者責任とは、「自己のために自動車を運行の用に供する者」に認められるものであり、従業員の起こした事故が業務上の運行であれば、会社が運行供用者としての責任を負う可能性があります。

　会社が、従業員の自転車通勤・自動車通勤中の事故による損害賠償責任を負わないようにするためには、従業員が事故を起こさないように交通安全教育を実施することや、自転車通勤規程・自動車通勤規程の中に、自転車や自動車を会社の業務のために使用することを禁止する旨の規定などを置く必要があると考えられます。

　もっとも、自転車や自動車を会社の業務のために使用することを禁止する旨の規定を設けただけで、実態は従業員が業務のためにこれら

を使用することを黙認、助長していたのであれば使用者責任を問われるリスクがありますので（広島高松江支判平14・10・30判タ1131・179）、単に自転車や自動車の業務での使用を禁止する規定を置くだけでなく、実質的にもこれを徹底させる必要があるでしょう。

　このように、近時必要性が高まっている自転車通勤については、以下のような自転車通勤規程を策定することが考えられます。なお、この規程例は、必要最小限な内容をコンパクトにまとめたものですが、より詳細な自転車通勤規程例については、自転車活用推進官民連携協議会がまとめた「自転車通勤導入に関する手引き（令和元年5月）」に掲載されています。

【自転車通勤規程】　DL

（目的）

第1条　本規程は、会社の従業員が通勤のために自転車を使用する場合の取扱いについて定める。

（適用範囲）

第2条　本規程は、従業員が通勤のために使用する自転車（道路交通法に定める自転車をいう。以下同じ。）について適用する。

（通勤距離及び通勤経路）

第3条　会社は、自転車通勤距離が○km以上○km未満の場合に、当該区間での自転車通勤を認めるものとする。

2　住居から勤務地までの通勤経路は、合理的な経路をとるものとし、従業員は当該通勤経路について会社に届け出なければならない。また、通勤規制等の合理的な理由による、他の経路への迂回を認めることとする。

（日によって異なる交通手段の利用）

第4条　会社は、通勤時の交通事情や天候などの状況に応じて、

　　自転車通勤をする者が自転車以外の合理的な交通手段（電車や
　バスなどの公共の交通機関、自動車、二輪車、徒歩）によって
　通勤することも認めることができる。

（使用許可）

第5条　自転車による通勤を希望する従業員は、自転車通勤許可
　申請書により、事前に所属長に申請して許可を受けなければな
　らない。

2　自転車による通勤は、次の各号を全て満たす従業員について
　のみ許可するものとする。

　(1)　自転車保険（対人賠償及び対物賠償無制限）に加入してい
　　る者

　(2)　交通の便宜上、自転車の通勤が必要であると会社が認め
　　る者

3　従業員は、会社から自転車保険の保険証券、その他会社が必
　要と判断する資料の提示を求められた場合、これに応じなけれ
　ばならない。

4　自転車通勤許可申請書に記載した内容に変更があった場合に
　は、速やかに所属長に報告し、再度、自転車通勤の許可を受け
　なければならない。

（禁止事項）

第6条　従業員は、自転車の使用に際して、次の各号に該当する
　行為をしてはならない。

　(1)　自転車を業務に使用すること。

　(2)　労働時間中に私用で自転車を使用すること。

　(3)　飲酒運転をすること。

　(4)　整備不良の自転車を使用すること。

　(5)　防犯登録のされていない自転車を使用すること。

(6)　その他、道路交通法等の各種法令により禁止されている
　　行為

2　前項各号に該当する行為をした場合には、会社は自転車通勤
　の許可を取り消すことができる。

3　会社は、自転車通勤を認めることが相当でないと判断した場
　合、自転車通勤の許可を取り消すことができる。

（事故等の取扱い）

第7条　自転車での通勤途中に事故を起こした場合は、速やかに
　所属長に報告し、その指示に従わなければならない。

2　従業員の自転車使用による事故について、会社は第三者に対
　する賠償責任を負わない。

3　従業員の自転車使用により会社が損害を受けたとき、会社は
　当該従業員に対して、賠償請求を行うことができる。

（通勤手当の支給）

第8条　自転車通勤者には、原則として通勤手当を支給しない。

（懲戒）

第9条　会社は、従業員が本規程に違反した場合、就業規則に基
　づく懲戒処分を下すことができる。

附　則

本規程は、令和○年○月○日より実施する。

＜作成上のポイント＞

　本文で述べた、自転車通勤を許可する要件、任意保険加入の義務化、交通ルール遵守の徹底、自転車の業務のための使用の禁止等がいずれも重要なポイントですから、必ず、自転車通勤規程に明記しましょう。

　自転車通勤の際の経路が合理的な理由なく遠回りだと、従業員が交通事故に遭った場合に通勤災害として労災の保険給付（労災21）を受けることができなくなる可能性がありますので（労災7②③）、自転車通勤を認める

距離について合理的な範囲で制限を設けるとともに、通勤経路をあらかじめ会社に届け出させることも必要であると考えられます。

　なお、通勤手当は、上記の規程例では原則として支給しないとしましたが、上述した「自転車通勤導入に関する手引き」では、下記の要領で手当てを支払うとしており、ケースバイケースで対応すればよいと思います。

【自転車通勤規程】　 DL

（通勤手当）

　第〇条　自転車通勤をする従業員には、通勤手当を次のとおり支給する。

自宅から会社までの距離	通勤手当
2km以上5km未満	3,000円
5km以上10km未満	4,200円
10km以上15km未満	7,100円
15km以上20km未満	10,000円

＜運用上のポイント＞

　公共交通機関を利用して通勤する従業員には通勤手当が支払われるのが通常です。そうすると、自転車通勤や自動車通勤をする従業員に通勤手当が支払われないとすると、一部の従業員に不公平感が生じる可能性があります。上記のように自転車通勤者に通勤手当を支払うのは、そのような理由からだと考えられます。

　通勤手当に限らず、運用に当たっては、公共交通機関を利用する従業員との不公平感が生じないように留意する必要があるでしょう。その一方で、自動車・自転車通勤による事故は会社が賠償責任を負う可能性がある以上、会社が定めたルールはしっかりと遵守させ、ルールを守れない従業員に対しては懲戒処分を含めた厳しい対処をすることが必要になると思われます。

2　安全衛生

［ケース34］　従業員にマスク着用・消毒を義務付ける場合は

> 　当社では、顧客や従業員同士の感染拡大を防止するため、従業員には一律でマスク着用や消毒を義務付けたいと考えていますが、就業規則に定めを置くことはできますか。
> 　また、その場合は就業規則をどのように定めればよいでしょうか。就業規則に従わない従業員にはどう対処すればいいでしょうか。

◆ポイント◆

　マスク着用や消毒が感染拡大を防止するために有効と考えられる場合には、会社が服務規律や遵守事項に関する就業規則でこれを義務付けることは可能と考えられます。ただし、これに従わない従業員に対してその就業規則を適用して懲戒処分などの不利益処分を行うに際しては、従わない理由等を十分に考慮した上で慎重に対処する必要があります。

1　マスク着用や消毒の意義

　現在流行している新型コロナウイルスは、一般的には、感染者のくしゃみ、咳、つばなどの飛沫と一緒に放出されたウイルスを他人が口や鼻などから吸い込んで感染する飛沫感染や、感染者がくしゃみや咳などを押さえたウイルスの付着した手で触れた物に他人が触れ、その触れた手で口や鼻などを触ることにより粘膜から感染する接触感染により感染し、閉鎖した空間で、近距離で多くの人と会話するなどの環境では、くしゃみや咳などの症状がなくても感染を拡大させるリスク

があるとされています（厚生労働省「新型コロナウイルスに関するＱ＆Ａ（一般の方向け）（令和4年1月25日版）」2-問2）。

　マスク着用は、素材や人と人の距離感等によって効果に違いはあるものの、飛沫感染などの防止に効果があるとされ（特に、室内で会話を行う場合は、マスクを正しく着用する必要があります。また、屋外ならばマスクは不要ということではありません。感染防止に必要な「最低1m」の間隔を確保できない場合もありますので、やはりマスクは重要です（前掲Ｑ＆Ａ4-問1）。）、手指消毒用アルコールによる消毒は、ウイルスの粒子の一番外側にある脂質の膜を壊すことによって感染力を失わせることができるとされるため（前掲Ｑ＆Ａ2-問1）、いずれもウイルスの感染防止、ひいては、感染者や濃厚接触者の発生による欠勤者の拡大や職場の混乱等の防止などの事業の遂行への支障の予防に有効と考えられます。

　他方、マスク着用や消毒は、特段の時間や手間を要するものではなく、一般的には従業員の人格的利益を損なうような性質のものでもないと考えられます。

　このようにマスク着用や消毒に有効性が認められ、かつそれが従業員の権利や利益の不当な制約を伴わない場合には、会社が従業員にこれを義務付けることは可能と考えられます。

　なお、以上は職場内などの業務中を前提とする議論であり、職場外の従業員の私生活上の行為については、原則として会社の指揮命令の範囲外であるため、従業員にマスク着用や消毒を義務付けることは困難と考えられます。

2　マスク着用や消毒の義務付け方法

　では、具体的にどのようにマスク着用や消毒を義務付ければよいでしょうか。

　服務規律や遵守事項は、就業規則に必ず定めなければならない事項
ではありませんが（労基89、厚生労働省労働基準局監督課「モデル就業規則（令
和3年4月版）」（以下「モデル就業規則」といいます。）11条注意書き）、それらに
違反した従業員への対処（懲戒）まで視野に入れて考えれば、あらか
じめ就業規則に定めておくべきと考えられます。
　モデル就業規則には、以下のような遵守事項が定められています。

【就業規則】　🆁🅻

> （遵守事項）
> 第11条　労働者は、以下の事項を守らなければならない。
> 　①～③　〔略〕
> 　④　会社の名誉や信用を損なう行為をしないこと。
> 　⑤・⑥　〔略〕
> 　⑦　その他労働者としてふさわしくない行為をしないこと。

　　（出典：厚生労働省労働基準局監督課「モデル就業規則（令和3年4月版）」）

　例えば、医療・介護・飲食・その他接客を伴うサービス業など、マ
スク着用や消毒の必要性が特に高いと考えられる業種において従業員
にそれらを義務付けることは、上記④の「会社の名誉や信用を損なう
行為をしないこと」という遵守規定によっても可能と考えられますし、
また、上記⑦の「その他労働者としてふさわしくない行為をしないこ
と」という遵守規定の適用の問題として対処できる場合も一定程度あ
ると考えられます。
　もっとも、ウイルス感染症の拡大が懸念される社会情勢下において
は、接客を伴う業種等であるか否かにかかわらず、感染拡大防止に向
けたより具体的な遵守規定を備えておくことが望ましいと考えられま
す。労働契約法5条が「使用者は、労働契約に伴い、労働者がその生命、
身体等の安全を確保しつつ労働することができるよう、必要な配慮を

するものとする。」と規定するとおり、会社は、従業員の職場における
安全と健康を確保するために十分な配慮をなす義務を負っていると考
えられていますので（菅野和夫『労働法』672頁（弘文堂、第12版、2019））、
この安全配慮義務の観点からも、マスク着用や消毒を義務付けるニー
ズは高いと考えられます。

　このような観点から考えられる遵守事項の例は以下のとおりです。

①　マスク着用と手指の消毒を限定的に義務化する場合

【就業規則】　(DL)

（遵守事項）
第〇条　従業員は、以下の事項を守らなければならない。
　(1)　必要に応じてマスク着用及び手指の消毒等の感染症予防
　　　対策をすること。
　(2)　〔以下略〕

---

②　労働契約法5条を参考に遵守事項を定める場合

【就業規則】　(DL)

（遵守事項）
第〇条　従業員は、以下の事項を守らなければならない。
　(1)　就業する他の従業員の生命、身体等の安全を脅かす行為
　　　をしないこと。
　(2)　〔以下略〕

＜作成上のポイント＞

　上記①では、ストレートにマスク着用と手指の消毒を遵守事項としてい
ます。もっとも、就業規則はウイルス感染状況下だけを念頭に置いたもの
ではありませんので、「必要に応じて」との限定を付すことで、ウイルス感
染が社会的に問題になっていない場合などが除外されるようにしていま
す。

　上記②では、ウイルス感染状況下においてマスク着用や消毒が必要とされる趣旨が、感染者や濃厚接触者の発生による欠勤者の拡大や職場の混乱等の防止に加え、就業中の従業員の生命、身体等の安全の確保にもあると考えられることから（前述安全配慮義務）、労働契約法5条を参考に遵守事項を作成しています。

　いずれにしても、就業規則に遵守事項として定めさえすれば済むというわけではなく、その遵守事項が適用されるべき場面なのかどうかを状況に応じて具体的に判断すること、すなわちその運用が重要です。

　この点は、一般的には、就業規則の規定を根拠になされた業務命令違反に対する懲戒処分の有効性という形で問題となります。次述のアドバイスをご参照ください。

アドバイス

〇従業員がマスク着用や消毒に応じない（応じられない）場合の対応
1　業務命令など

　一般的に、会社は、業務の遂行全般について従業員に対し必要な指示・命令を発することができ、この業務命令が就業規則の合理的な規定に基づく相当な命令である限り、従業員は、その命令に従う義務を有します（菅野・前掲155頁）。

　したがって、ウイルス感染状況下において、会社は従業員に対し、前述のような遵守事項を定めた就業規則に基づく相当な業務命令としてマスク着用や消毒を義務付けることが可能です。

　ただし、従業員にそれらを行うことが困難な合理的理由がある場合（例えば皮膚疾患や呼吸疾患によりマスクの着用や消毒に支障を伴う場合など）には、このような業務命令を発令することはできず、仮に発令したとしても、それに従わない従業員に対する懲戒処分等の不利益処分はできないと考えられます。このような場合にはむしろ、出勤日や出勤時間の調整、配置転換、在宅による業務対応などを検討する必要が生じます。マスクを着用したくてもその入手が困難な事情がないかなどの点への配

慮も必要です。

　なお、ウイルス感染状況が収束してきた段階では、従業員がマスク着用や消毒をしていなかったとしても命令の相当性は認められにくいでしょう。

2　業務命令に従わない従業員に対する懲戒処分の可否

　会社が業務命令としてマスク着用や消毒を義務付けたにもかかわらず、従業員がこれに従わない場合は、業務命令違反となります。一般的に、遵守事項違反や業務命令違反は就業規則において懲戒事由とされているため（モデル就業規則66条1項5号・2項4号参照）、マスク着用や消毒に従わない従業員は、懲戒処分の対象となり得ます。

　しかし、労働契約法15条が「使用者が労働者を懲戒することができる場合において、当該懲戒が、当該懲戒に係る労働者の行為の性質及び態様その他の事情に照らして、客観的に合理的な理由を欠き、社会通念上相当であると認められない場合は、その権利を濫用したものとして、当該懲戒は無効とする。」と規定するとおり、懲戒処分が有効と認められるためには、実質的に懲戒事由に該当し（形式的に懲戒事由に該当するだけでは足りず）、かつ相当性（懲戒権の濫用に当たらないこと）が必要とされます。とりわけ、懲戒事由の規定が広範・不明確な場合には、対象となった行為の性質や態様等に照らした慎重な判断が求められます。

　結局は、マスク着用や消毒をしなかった程度・回数・頻度、従業員の行う業務の種類、顧客に迷惑を掛けた等の影響の大きさ、会社からの注意や指導がどの程度行われたか等の種々の事情を考慮して、懲戒処分を行うかどうか、行うとしてどのような懲戒手段を取るべきかを検討することになります。

　マスク着用や消毒をしない従業員に対しては、会社としては、まずは、その従業員にその理由や認識など従業員側の事情を確認した上で、それに応じた対応を可能な限り講じるべきであり、マスク着用や消毒をしなかったということだけをもって、直ちに懲戒処分に及ぶことは適当ではありません。合理的な理由なくマスク着用や消毒を拒否する従業員に対

しては、まずは、マスク着用などが必要とされる理由、すなわち、他の
従業員、顧客や取引先の抱く懸念への配慮が会社の業務として求められ
ており、その円滑な運営に協力することは従業員としての義務であるこ
とを説明するべきでしょう。それでも理解が得られない場合は、ハンカ
チなどで口を覆うように指示する、他の従業員との距離を取って業務を
行わせる、会議室からの退出を求めるなど、他の取り得る措置を講じる
ことが求められます（在宅勤務が難しい場合を念頭に置いています。）。
それらの対応を通じて間接的にマスク着用や消毒を促すことにもなり得
ると考えられます。

[ケース35]　新型コロナウイルス等に感染した従業員が発生した場合は

　　当社で新型コロナウイルスに感染した従業員がいますが、この場合に就業禁止を命じることができるでしょうか。また、就業禁止を命じる際の注意点は何でしょうか。
　　従業員が新型コロナウイルスに感染した疑いがあるにとどまる場合はどうでしょうか。

◆ポイント◆

　　新型コロナウイルスに感染した従業員が発生して、そのまま勤務を継続させると、他の従業員や顧客に感染させてしまうリスクがあります。他の従業員に感染させてしまった場合、会社は安全配慮義務違反を問われる可能性もあるので、就業規則において新型コロナウイルスに感染した従業員に対する就業禁止を命じることができる旨を定めておくことが有効です。

1　新型コロナウイルスに感染した従業員に就業禁止を命じる場合

　　労働契約法5条では、「使用者は、労働契約に伴い、労働者がその生命、身体等の安全を確保しつつ労働することができるよう、必要な配慮をするものとする」と規定されており、会社は従業員に対して安全配慮義務を負っています。労働契約上の安全配慮義務は、「労働者が労務提供のために設置する場所、設備もしくは器具等を使用し又は使用者の指示のもとに労務を提供する過程において、労働者の生命及び

身体等を危険から保護する義務」であると定義されており（最判昭59・
4・10判時1116・33）、会社は、従業員の職場における安全と健康を確保す
るために十分な配慮をなす手段債務を負っていると解されています
（菅野和夫『労働法』672頁（弘文堂、第12版、2019））。

　したがって、会社が適切な感染症対策を怠った場合は、安全配慮義
務違反に基づく責任を負う可能性があるため、事業所内に新型コロナ
ウイルスに感染した従業員が発生した場合は、就業禁止や出勤停止と
いった措置を講じることができるようにする必要があります。

　従業員の就業禁止について、労働安全衛生法68条では、「事業者は、
伝染性の疾病その他の疾病で、厚生労働省令で定めるものにかかった
労働者については、厚生労働省令で定めるところにより、その就業を
禁止しなければならない。」と定められています。これを受けた厚生
労働省令では、「病毒伝ぱのおそれのある伝染性の疾病にかかった者」
について、会社は就業を禁止しなければならないとされています（労
安衛則61①一）。この「病毒伝ぱのおそれのある伝染性の疾病」には新
型コロナウイルスは含まれていないため（平12・3・30基発207参照）、新型
コロナウイルスに感染した従業員については労働安全衛生法68条に基
づく就業禁止措置の対象にはなりません。

　もっとも、新型コロナウイルスについては、感染症の予防及び感染
症の患者に対する医療に関する法律（以下「感染症予防法」といいま
す。）6条7項の「新型インフルエンザ等感染症」に該当します。従業員
が新型コロナウイルス等に感染して、都道府県知事から感染症予防法
18条1項による通知を受けた場合、当該従業員は病原体を保有しなく
なるまでの期間、飲食物の製造、販売、調製又は取扱いの際に飲食物
に直接接触する業務及び接客業その他の多数の者に接触する業務に就
業することを禁止されます（感染症18②、感染症則11②三・③二）。

　以上のとおり、従業員が新型コロナウイルスに感染した場合、当該

従業員は感染症予防法に基づき就業を禁じられることになりますが、労働契約上も就業禁止を命令することができることを明確にするため、以下のとおり就業規則を定めておくことが有効です。

【就業規則】 〔DL〕

（就業の禁止及び報告義務）

第○条　会社は、従業員が次の各号のいずれかに該当するときは、就業の禁止を命じることができる。

(1)　病毒伝ぱのおそれのある伝染性の疾病にかかったとき。

(2)　感染症の予防及び感染症の患者に対する医療に関する法律等の法令に定める疾病にかかったとき。

(3)　同居する家族その他同居する者（以下「同居人」という。）が前2号で定める疾病にかかったとき。

(4)　前各号のほか、疾病により就業が不適当であると会社が判断したとき。

2　従業員は、自己又は同居人が伝染性の疾病にかかった場合又はその疑いがある場合、直ちに会社に報告しなければならない。

3　会社は、第1項の規定により休業を命じられた従業員に対し、自宅待機を命じることができる。

＜作成上のポイント＞

第1項第1号では、労働安全衛生法により会社が就業を禁止しなければならない「病毒伝ぱのおそれのある伝染性の疾病」について会社が就業禁止を命じることができるようにしています。

ただ、これでは新型コロナウイルスに感染した場合が含まれないので、第1項第2号で、「感染症の予防及び感染症の患者に対する医療に関する法律等の法令に定める疾病」にかかった場合に就業禁止を命じることができるようにしています。

　新型コロナウイルスは同居の家族などから感染するケースも多いことから、同居の家族や同居人の感染が発覚した場合も就業禁止を命じることができることが望ましいといえます。このような場合において、従業員から休業を拒否される可能性はありますが、労働契約上の特約や特別の技能者である場合を除き、従業員から就労することを請求する権利はありませんので（東京高決昭33・8・2判タ83・74、菅野・前掲156頁）、会社はこれに応じる必要はないと考えられます。そこで、第1項第3号では、同居の家族や同居人が同項第1号及び第2号で定める疾病にかかったときも就業禁止を命じることができることとしています。

　新型コロナウイルスのように、従来は存在しなかった未知の感染症が流行した際、病原の特定や感染経路の解明に時間を要することにより、速やかに感染症予防法などで指定がなされるとは限りません。そこで、第1項第4号では、「疾病により就業が不適当であると会社が判断したとき」として、会社の判断で就業禁止を命じることができるようにしています。

　併せて、第2項で従業員自身や同居人が伝染性の疾病にかかった場合又はその疑いがある場合に会社に対する報告義務を課すことで、会社側で適宜対応を検討することができるようにしています。

　また、新型コロナウイルスに感染した又はその疑いがあることにより休業を命じられた従業員が、休業中に私的な外出や旅行をして第三者に感染を拡大させる可能性も否定できません。そこで、休業を命じられた従業員に対して、自宅待機命令を発することができるようにしておくことが無難です。自宅待機命令は、業務上の必要がない場合や不当な動機・目的をもって発せられる場合は裁量権の逸脱・濫用として無効になりますが（東京高判平24・1・25労経速2135・3）、休業中の従業員が外出や旅行により第三者に感染を広げてしまった場合、それがマスコミ報道などにより広がってしまうと、会社の評判に悪影響を与える可能性がありますので、休業中の従業員に対して自宅待機命令を発する業務上の必要性はあると考えられます。そこで、第3項では、第1項により休業を命じられた従業員に対して、自宅待機を命じることができるようにしています。なお、従業員に新型コロナウイルスの自覚症状があり医療機関での治療が必要な場合や、行政機

関から適当な場所での隔離を求められる場合は、あえて自宅での待機を命じる必要はないので、適宜状況に応じて自宅待機命令の要否を検討する必要があると考えられます。

2　新型コロナウイルス等に感染した疑いのある従業員に就業禁止を命じる場合

新型コロナウイルスには、潜伏期間があり、実際に感染してから感染が確認されるまで時間を要することもあるため、咳や発熱など感染の疑いのある従業員に対しても就業禁止を命じることができることは感染症対策として有効です。

ただし、後述のとおり、感染の疑いにとどまる従業員に対し、会社の判断で就業禁止を命じる場合は平均賃金の60％以上の休業手当（労基26）の支払が必要になると考えられるため（厚生労働省「新型コロナウイルスに関するＱ＆Ａ（企業の方向け）（令和4年1月26日時点版）」4－問3）、その点に注意する必要があります。

就業禁止に感染の疑いのある従業員も含める場合の規定例は以下のとおりです。

【就業規則】　DL

（就業の禁止及び報告義務）

第○条　会社は、従業員が次の各号のいずれかに該当するときは、就業の禁止を命じることができる。

(1)　病毒伝ぱのおそれのある伝染性の疾病にかかったとき又はその疑いがあるとき。

(2)　感染症の予防及び感染症の患者に対する医療に関する法律等の法令に定める疾病にかかったとき又はその疑いがあるとき。

　(3)　同居する家族その他同居する者（以下「同居人」という。）
　　　が前2号で定める疾病にかかったとき又はその疑いがあると
　　　き。
　(4)　前各号のほか、疾病により就業が不適当であると会社が
　　　判断したとき。
2　従業員は、自己又は同居人が伝染性の疾病にかかった場合又
　はその疑いがある場合、直ちに会社に報告しなければならない。
3　会社は、第1項の規定により休業を命じられた従業員に対し、
　自宅待機を命じることができる。

＜作成上のポイント＞

　各条項についての作成上のポイントは、新型コロナウイルスに感染した
従業員に就業禁止を命じる場合と同様です。なお、第2項については、「又
は住居付近において伝染病の疾病が発生した場合」を付け加え、従業員に
より広範な報告義務を課すことも考えられます（石嵜信憲『就業規則の法律
実務』574頁（中央経済社、第5版、2020））。

アドバイス

1　就業禁止を命令するに当たっての判断

　従業員が新型コロナウイルスに感染したことが既に判明している場合
は、法令上就業が禁止されるため、会社としても就業禁止を命令するに
当たっての判断がしやすいと思われます。従業員が新型コロナウイルス
に感染した場合は、従業員に対し法令上就業が禁止される旨を伝えた上
で、速やかに就業禁止を命令する必要があります。

　他方で、単に従業員や同居人が新型コロナウイルスに感染した疑いが
あるにとどまる場合は、他の従業員に対する安全配慮義務や後述の休業
手当の支払義務との関係を考慮した上で、就業禁止を命令するかどうか
を判断する必要があります。会社としては、従業員の申告内容から当該

従業員が感染している可能性がどの程度あるか、仮に感染していた場合に事業所内や取引先で感染が拡大するリスクがどの程度高いかを見極めた上で、事情に応じて的確に判断することが求められます。従業員にテレワークを命じることができるような場合は、就業禁止を命令するのではなく、テレワークにより自宅で就業してもらうことも一つの方法であると考えられます。

2　賃金の支払義務

　上述のとおり、従業員が新型コロナウイルスに感染して、都道府県知事から感染症予防法18条1項による通知を受けた場合、当該従業員は病原体を保有しなくなるまでの期間、就業することが禁止されます。この場合は法令上就業が禁止されるのであり、会社側の事情による休業ではないため、労働基準法26条の「使用者の責に帰すべき事由」による休業には該当しないものと考えられます。そのため、就業規則や労働協約などに賃金や休業手当を支払う旨の特段の規定がない限り、会社は従業員に対し、休業手当を支払う義務はありません（前掲Q＆A4－問2）。

　他方で、従業員が新型コロナウイルスに感染した疑いがあるにとどまる場合に、会社の自主的な判断により就業禁止を命じるときは事情が異なります。民法536条2項の「責めに帰すべき事由」に該当する場合、会社は賃金全額について支払義務を負いますが、新型コロナウイルスに感染した疑いにとどまる場合の休業がこれに該当するかどうかは見解が分かれています。他方で、労働基準法26条の「使用者の責に帰すべき事由」は、民法536条2項の「責めに帰すべき事由」より広く、不可抗力を除いて、民法上は使用者の帰責事由とならない経営上の障害なども含まれると解されていますが（最判昭62・7・17判時1252・126、菅野・前掲457頁）、新型コロナウイルスに感染した疑いにとどまる従業員に休業を命じる場合は少なくともこれに該当すると考えられるため、会社は就業禁止を命じた従業員に対し、平均賃金の60％以上の休業手当を支払う義務があると考えられます。

　なお、従業員が新型コロナウイルスに感染した疑いがあるにとどまる

場合や同居人が新型コロナウイルスに感染した疑いがあるにとどまる場合であっても、あくまで従業員が自主的に休業するときは、労働基準法26条の「使用者の責に帰すべき事由」には該当しないと考えられますので、会社は休業手当を支払う必要はありません（前掲Ｑ＆Ａ4－問3)。従業員が自主的に休業する場合、後になって、従業員から「実は会社の指示による休業であったが、会社が賃金を支払いたくないため自主的に休業したことにさせられた。」として、賃金全額又は休業手当の支払を求められるリスクもあるため、休業申請メールや休業申請書などにより、休業に至った経緯を記録化しておくことも有効であると考えられます。

　このように従業員に対して就業禁止を命じる事情によって、賃金や休業手当の支払義務を負うかどうかの結論が異なりますので、会社としては、就業規則に基づき就業禁止を命じるに当たっては、賃金や休業手当の支払義務を負うかどうかを理解しておく必要があります。

第7　副業・兼業に関する規定

[ケース36]　副業・兼業を認める場合は

> 　当社では、テレワークの導入による働き方の変化に伴い、新たに従業員の副業や兼業を認めたいと考えています。その場合はどのような規定や書類を作成する必要があるでしょうか。

◆ポイント◆

> 　副業や兼業を認める場合には、就業規則にその旨を、認める条件などと併せて定めるとともに、禁止又は制限の必要がないかの確認や労働時間の管理などのため、副業や兼業の内容を届出書などにより確認することが望ましいです（個別の合意書によって認めることも可能です。）。副業や兼業を認める場合は、労働時間の管理を副業（兼業）先とも共有し、違法な時間外労働が行われないかなどに注意しましょう。

　従来は多くの会社で副業や兼業が原則禁止とされており、改定前の厚生労働省労働基準局監督課「モデル就業規則」（以下「モデル就業規則」といいます。）では、遵守事項として「許可なく他の会社等の業務に従事しないこと」が規定されていました。

　しかし、平成29年に閣議決定された「働き方改革実行計画」によりテレワークや兼業や副業などの柔軟な働き方の実現が目標とされ、副業や兼業は、「新たな技術の開発、オープンイノベーションや起業の手段、第2の人生の準備として有効」とされました（首相官邸ホームページ「働き方改革実行計画（概要）」（平成29年3月28日））。

　これを受け、平成30年1月にモデル就業規則が改定されるとともに「副業・兼業の促進に関するガイドライン」が策定（令和2年9月に改定）されました。

　現行のモデル就業規則（令和3年4月版）では、以下のように規定されています。

【就業規則】 DL

（副業・兼業）

第68条　労働者は、勤務時間外において、他の会社等の業務に従事することができる。

2　会社は、労働者からの前項の業務に従事する旨の届出に基づき、当該労働者が当該業務に従事することにより次の各号のいずれかに該当する場合には、これを禁止又は制限することができる。

① 労務提供上の支障がある場合

② 企業秘密が漏洩する場合

③ 会社の名誉や信用を損なう行為や、信頼関係を破壊する行為がある場合

④ 競業により、企業の利益を害する場合

（出典：厚生労働省労働基準局監督課「モデル就業規則（令和3年4月版）」）

　従来のモデル就業規則の規定の運用によっても対処可能と考えられますが、上記働き方改革及びウィズコロナ社会の到来による働き方の変化も踏まえれば、副業や兼業を「許可（承認）がなければ認められない」というような消極的な例外として位置付けるのではなく、積極的に働き方の選択肢として位置付けていくことが望ましいと考えられます（ただし、第1号〜第4号の事由は、現にそれらの結果が生じた場

合に限らず、「そのおそれが認められる場合」も含めた文言とする方が会社にとって好ましいでしょう。)。

　就業規則で副業や兼業の届出制（許可制）を採用している場合に、従業員が副業や兼業の内容を届け出る様式例は後掲 参考書式 副業・兼業に関する届出を参照してください。

アドバイス

1　副業や兼業を認めるに当たって

　制度として従業員に副業や兼業を認めるとしても、会社としては、労務提供上の支障や企業秘密の漏洩がないか、長時間労働を招くものとなっていないか等を確認し、問題があれば禁止又は制限する必要がありますので、従業員に事前に副業や兼業の内容や労働時間などを届け出させます。

　ただし、現行のモデル就業規則（令和3年4月版）68条2項各号に該当するかどうかの判断に当たっては、規定を拡大解釈して必要以上に従業員の副業や兼業を制限することのないよう適切な運用を心掛けるべきです。各号の該当性の解釈については、従業員の副業や兼業違反を理由とする会社の懲戒処分（懲戒解雇）の有効性などが争われた裁判の中で示された判断が参考になります。[ケース37] もご参照ください。

2　届出のない副業や兼業が発覚した場合

　従業員から届出がなされずに副業や兼業が行われていることを把握したときは、まず従業員に届出を求め、現行のモデル就業規則（令和3年4月版）68条2項各号の該当性や、労働時間の通算の対象となる場合の副業（兼業）先における所定労働時間などの確認を行い、禁止の事由に該当しない限りは労働時間などの管理を適切に行いつつ従業員が副業や兼業を行うことができるようにすることが望ましいです。

3　労働時間の通算

　従業員が自社及び副業（兼業）先の両方で雇用されている場合には、労働基準法38条（「労働時間は、事業場を異にする場合においても、労働時間に関する規定の適用については通算する。」）及び昭和23年5月14日基発第769号（「「事業場を異にする場合」とは事業主を異にする場合をも含む。」）を踏まえ、従業員から届け出られた内容を前提に各々の就業先と従業員との間で労働時間などに関する状況を共有しておくべきです。

　この場合の労働時間管理（労働時間の通算等）については、「副業・兼業の場合における労働時間管理に係る労働基準法第38条第1項の解釈等について」（令2・9・1基発0901第3）をご参照ください（「副業・兼業の促進に関するガイドライン」にも紹介されています。）。

4　管理モデル

　特に双方の就業先において所定外労働がある場合等は、労働時間の申告等や通算管理において、労使双方に手続上の負担が伴うことが考えられるため、この点に関する労使双方の手続上の負担を軽減し、労働基準法に定める最低労働条件が遵守されやすくなる簡便な労働時間管理の方法（「管理モデル」と呼ばれています。）が用意されていますので、その様式例を紹介します（後掲 参考書式 副業・兼業に関する労働時間の取扱いについて（通知））。

　このモデルは、あらかじめ設定した労働時間内で労働させる限り他社における実労働時間を把握しなくて済むという利点がある一方で、自社での就業時間全てについて割増賃金を支払うことになる後行就業先にとっては、例えば先行就業先の所定労働時間が短い場合、このモデルを導入しなければ支払わずに済むはずの割増賃金を支払う可能性があるなどのデメリットも考えられますので、導入の適否をよく見極める必要があります。

5　健康への配慮等

　健康診断、長時間労働者に対する面接指導、ストレスチェックやこれ

らの結果に基づく事後措置等、法律上の健康確保措置の実施義務は、会社が従業員の副業や兼業を認めたことによって左右されるものではありません。

　しかし、会社が従業員の副業や兼業を認めている場合は、従業員に心身の不調があれば都度相談を受けることを伝え、あるいは必要に応じ法律を超える健康確保措置を講じたり、また、長時間ないし不規則な労働による健康障害を防止する観点から、例えば時間外・休日労働の免除や抑制等を行ったりするなど、労使で状況を共有の上適切な措置や配慮を行うことが望ましいです。会社が副業（兼業）を含む全体としての業務量や時間が過重であることを認識しながら何らの措置も配慮も行わない場合には、安全配慮義務違反を問われる可能性があります。副業や兼業の開始後であっても、必要に応じて現行のモデル就業規則（令和3年4月版）68条2項1号の適用による禁止や制限を検討すべきでしょう。

6　合意書

　後掲 参考書式 副業・兼業に関する届出及び副業・兼業に関する労働時間の取扱いについて（通知）を使用せずに、対象従業員との個別の合意書によって副業・兼業の内容や許可条件を定めることも可能です。合意書様式例は厚生労働省のホームページをご参照ください（厚生労働省「副業・兼業に関する合意書様式例」）。

参考書式

○副業・兼業に関する届出 （DL）

副業・兼業に関する届出

届出日：令和○年○月○日

○○株式会社
○○○○殿

所属：○○部○○課
氏名：○○○○ 　㊞

　就業規則第○条（／労働契約書の記載）に基づき、以下のとおり届け出ます。

1　副業・兼業の形態：☑雇用（事業所の名称等を2〜5に記入）
　　　　　　　　　　　□非雇用（業務の内容：　　　　　　　）
2　事業所の名称及び住所：株式会社○○　○○県○○市○○1−2−3
3　2の事業所の事業内容：○○○○　従事する業務内容：○○○○
4　労働契約締結日等：令和○年○月○日
　　契約期間：期間の定めなし／期間の定めあり（令和○年○月○日〜
　　令和○年○月○日）
5　所定労働時間等：（所定労働日）月　火　水　木　金　㊏　㊐
　　　　　　　　　　（所定労働時間）1日○時間、週○時間
　　　　　　　　　　（始業・終業時刻）午前○時○分〜午後○時○分
　　（※上記内容が記入されたカレンダーを別途添付するなどの方法も可。）
　　所定外労働（見込み）時間：1日○時間、週○時間、1か月○時間／
　　なし
　　（※所定外労働時間には上記2の事業所における休日労働の時間も含む。
　　　また、見込みとは別に最大の時間数が定まっている場合はそれぞれ括
　　　弧で記載する。）
6　確認事項（必要に応じて労働者に確認する事項の例）
　　☑　上記1〜5の事項に変更があった場合、速やかに届け出ます。ま

　た、これらの事項について、会社の求めがあった場合には、改めて
　届け出ます。

☑　所定の方法により、必要に応じ上記2の事業所での実労働時間を
　報告するなど、会社の労務管理に必要な情報提供に協力します。

　（※所定の方法の例としては、時間外労働の上限規制の遵守等に支障が
　ない限り、①1週間分を週末に報告する、②所定労働時間どおり労働し
　た場合には報告等は求めず、所定外労働があった場合のみ報告する、③
　時間外労働の上限規制の水準に近づいてきた場合に報告するなどが考
　えられる。）

（出典：厚生労働省「副業・兼業に関する届出様式例」を参考に作成）

○副業・兼業に関する労働時間の取扱いについて（通知）　[DL]

副業・兼業に関する労働時間の取扱いについて（通知）

○○○○殿

令和○年○月○日

○○株式会社　人事課　○○○○

　貴殿から届出のあった副業・兼業について、以下の点を遵守して行われることを条件に認めますので、通知します。また、貴殿の副業・兼業先の事業所（以下「他社」といいます。）に対し、この条件を十分伝達するようお願いします。

1　貴殿の当社における1か月間の時間外・休日労働(注1)の上限は○時間（A）です。

2　当社では、労働基準法第38条第1項の規定(注2)に基づき、貴殿について、他社が(1)及び(2)を遵守することを条件に、副業・兼業を認めます。

　(1)　当社における1か月間の時間外・休日労働の上限（A）に、他社における1か月間の労働時間（所定労働時間及び所定外労働時間）の上限（B）を通算して、時間外・休日労働の上限規制(注3)の範囲内とするとともに、上限（B）の範囲内で労働させること

　(2)　(1)の上限（B）の範囲内の労働時間について、他社から割増賃金が支払われること(注4)

3　当社では、当社における時間外・休日労働の実績に基づき貴殿に割増賃金を支払います。

4　当社における1か月間の時間外・休日労働の上限（A）に変更がある場合は、事前に貴殿に通知しますので、その際は速やかに他社に伝達するようお願いします。

5　この通知に基づく取扱いについては、令和○年○月○日までとします。その期日を超えて他社において副業・兼業を行う場合は、期日の○日前までに、改めて届け出てください。

(注1)　労働基準法第32条の労働時間（週40時間、1日8時間）を超える時間及び同法第35条第1項の休日における労働時間の合計

(注2)　労働時間は、複数の会社に雇用されるなどの事業場を異にする場合においても、労働時間に関する規定の適用については通算する旨の規定

(注3)　時間外労働と休日労働の合計で単月100時間未満、複数月平均80時間以内とすること（労働基準法第36条第6項第2号及び第3号）。なお、月の労働時間の起算日が当社と他社とで異なる場合には、各々の起算日から起算した1か月における上限(A)と上限(B)をそれぞれ設定することとして差し支えない。

(注4)　2割5分以上の率で他社が定める率により割増賃金が支払われること。また、当社における上限(A)の時間に、他社における上限(B)の範囲内の労働時間（休日労働は除く。）を通算して、1か月について60時間を超えた場合、60時間を超える部分については、5割以上の率で他社が定める率により割増賃金が支払われること（労働基準法第37条第1項）。

（出典：厚生労働省「管理モデル導入（通知）様式例」を参考に作成）

[ケース37] 副業・兼業禁止に違反した従業員に対処する場合は

当社では副業や兼業を禁止していますが、テレワークの導入により、勤務時間内外で副業や兼業をしている従業員がいます。このような従業員に対し懲戒処分をする際の注意点は何でしょうか。また、副業・兼業禁止に違反する従業員が出てくる事態を防ぐため、あらかじめ違約金を定めることはできるでしょうか。

◆ポイント◆

従業員を懲戒処分するためには、就業規則に懲戒事由と懲戒手段が明記されている必要があります。その上で、懲戒事由に該当するかどうかを労務提供上の支障があるかなどの点から実質的に判断し、かつ懲戒権の濫用に当たらないよう注意が必要です。これらを怠ると懲戒処分が無効とされる可能性があります。あらかじめ違約金を定めることは控えた方がよいと思われます。

1 副業・兼業の制限

働き方改革やコロナ禍による働き方の変化を受け（[ケース36]参照）、最近は就業規則で副業や兼業を積極的に認める会社も出てきましたが、まだこれを制限する会社も多いと思います（なお、副業や兼業を無条件に一律禁止することは、それ自体無効とされる可能性があります。）。ここでは、「許可なく他の会社等の業務に従事しない」（厚

生労働省労働基準局監督課「モデル就業規則」(以下「モデル就業規則」といいます。)(平成30年1月改定前))という会社の規定に反して無断で副業や兼業を行っていた場合を前提に検討をしていくことにします。

2　懲戒処分することができる場合

　従業員の企業秩序違反行為に対する制裁罰であることが明確な労働関係上の不利益措置、と定義される懲戒処分は、会社が企業秩序違反者に対して労働契約上行い得る通常の手段(普通解雇、配転、損害賠償請求、一時金・昇給・昇格の低査定など)とは別個の特別の制裁罰であるため、これを実施するためには、その事由と手段とを就業規則に明記して周知することを要します(菅野和夫『労働法』700〜702頁(弘文堂、第12版、2019)。労契7、労基89九参照)。

　その上で、実際になされた懲戒処分が有効であるためには、対象となった従業員の行為が就業規則上の懲戒事由に該当するものであり、しかも発動された処分の内容も就業規則にのっとっていることが要求されます(就業規則の合理的解釈及び懲戒権濫用法理の適用。菅野・前掲702頁。労契15「使用者が労働者を懲戒することができる場合において、当該懲戒が、当該懲戒に係る労働者の行為の性質及び態様その他の事情に照らして、客観的に合理的な理由を欠き、社会通念上相当であると認められない場合は、その権利を濫用したものとして、当該懲戒は、無効とする。」)。

3　就業規則上の根拠

　このように、会社が従業員を懲戒処分するためには、まずは就業規則に懲戒の事由と手段を定めておく必要があります。モデル就業規則を参考に、就業規則の規定例を示すと以下のとおりです。

【就業規則】　DL

（遵守事項）

第A条　従業員は、以下の事項を守らなければならない。

  (1)　勤務中は職務に専念し、正当な理由なく勤務場所を離れないこと（現行のモデル就業規則（令和3年4月版）11条3号）。

  (2)　許可なく他の会社等の業務に従事しないこと（改定前のモデル就業規則11条6号）。

（懲戒の種類）

第B条　会社は、従業員が次条のいずれかに該当する場合は、その情状に応じ、次の区分により懲戒を行う。

  (1)　けん責

    始末書を提出させて将来を戒める。

  (2)　減給

    始末書を提出させて減給する。ただし、減給は1回の額が平均賃金の1日分の5割を超えることはなく、また、総額が1賃金支払期における賃金総額の1割を超えることはない。

  (3)　出勤停止

    始末書を提出させるほか、○日間を限度として出勤を停止し、その間の賃金は支給しない。

  (4)　懲戒解雇

    予告期間を設けることなく即時に解雇する。この場合において、所轄の労働基準監督署長の認定を受けたときは、解雇予告手当（平均賃金の30日分）を支給しない。

（懲戒の事由）

第C条　従業員が次のいずれかに該当するときは、情状に応じ、けん責、減給又は出勤停止とする。

　(1)　第A条に違反したとき。

　(2)　〔以下略〕

2　従業員が次のいずれかに該当するときは、懲戒解雇とする。ただし、平素の服務態度その他情状によっては、第○条に定める普通解雇、前条に定める減給又は出勤停止とすることがある。

　(1)　私生活上の非違行為や会社に対する正当な理由のない誹謗中傷等であって、会社の名誉信用を損ない、業務に重大な悪影響を及ぼす行為をしたとき。

　(2)　正当な理由なく会社の業務上重要な秘密を外部に漏洩して会社に損害を与え、又は業務の正常な運営を阻害したとき。

(出典：厚生労働省労働基準局監督課「モデル就業規則」を参考に作成)

4　副業・兼業した従業員を懲戒処分する場合（運用上のポイント）

(1)　はじめに

　上記2で述べたとおり、就業規則に懲戒事由として無許可兼職が定められてさえいれば無許可で副業や兼業をした従業員を懲戒処分できるわけではありません。裁判例は、このような兼職（二重就職）許可制の違反については、会社の職場秩序に影響せず、かつ会社に対する労務の提供に格別の支障を生ぜしめない程度・態様の二重就職は禁止の違反とはいえないとするとともに、そのような影響・支障のあるものは禁止に違反し、懲戒処分の対象となる、と限定的に解釈しており、このような許可制の規定の限定解釈は、二重就職が基本的には会社の労働契約上の権限の及び得ない労働者の私生活における行為であることに照らして正当と考えられています（菅野・前掲713・714頁）。

　したがって、副業や兼業が従業員の会社に対する労務の提供に及ぼす支障や、会社の職場秩序へ与える影響を対象従業員ごとに個別具体

的に検討して、懲戒処分の可否を決する必要があります。

(2)　許可や届出なく副業や兼業をしている場合

従業員から届出がなされずに（あるいは無許可で）副業・兼業が行われていることを会社が把握したときは、いきなり懲戒処分を検討するのではなく、まずは従業員に届出を求め、後記(3)～(6)のような場合に該当しないかどうかなどの確認を行うべきです。

このような手続を経ずに、許可や届出がないことを形式的に捉えて懲戒処分をすると、その懲戒は無効とされる可能性があります。また、第Ｃ条各号に該当するかどうかの判断に当たっても、就業規則の規定を拡大解釈して必要以上に従業員の副業・兼業を制限することのないよう、適切な運用を心掛けることが肝要です。

(3)　労務提供上の支障がある場合

副業・兼業が原因で会社の業務が十分に行えない場合や、長時間労働など従業員の健康に影響が生じるおそれがある場合などは、兼職の禁止（上記第Ａ条第2号）違反に該当し懲戒処分の対象となり得ます（上記第Ｃ条第1項第1号）。

以下、裁判例を紹介します。

・マンナ運輸事件（京都地判平24・7・13労判1058・21）

運送会社が、準社員（トラック運転手）からのアルバイト許可申請を「働きすぎ」等を理由に4度にわたって不許可にしたことについて、前2回は適切な休憩時間の確保や長時間労働の回避のためであって合理性があるが、後2回はこれを認めても同社が定める過労防止目標時間を下回ること等から不許可の理由はなく、同人のアルバイト就労を不当かつ執拗に妨げる対応であるとして、同人からの不法行為に基づく損害賠償（慰謝料）請求が一部認容された事案。

・東京都私立大学教授事件（東京地判平20・12・5判タ1303・158）

教授が無許可で語学学校講師などの業務に従事し、講義を休講し

たことを理由とする懲戒解雇について、副業は夜間や休日に行われ
ており、本業への支障は認められないことなどを理由に、解雇を無
効とした事案。

・都タクシー事件（広島地決昭59・12・18労民35・6・644）

　　隔日勤務に就くタクシー運転手が非番日に会社に無断で輸出車の
移送、船積み等をするアルバイトを行ったことを理由とする普通解
雇について、「タクシー乗務の性質上、乗務前の休養が要請されるこ
と等の事情を考えると、本件アルバイトは就業規則により禁止され
た兼業に該当する」としつつ、会社が従業員に対し「何らの指導注
意をしないまま直ちになした解雇は（懲戒解雇を普通解雇にしたと
しても）あまりに過酷であり、解雇権の濫用として許されない」と
された事案。

・小川建設事件（東京地決昭57・11・19労判397・30）

　　本業先での8:45～17:15の勤務後18:00～0:00にキャバレーで無断
就労していたことを理由とする通常解雇について、兼業は余暇利用
のアルバイトの域を超えるものであり、会社への労務の誠実な提供
に何らかの支障を来す蓋然性が高いことなどを理由に、解雇を有効
とした事案。

　以上は、主として勤務時間外に副業や兼業をしている場合が念頭に
置かれていますが、勤務時間内の副業や兼業は、そのこと自体、服務
規律違反ないし遵守事項（上記第A条第1号（職務専念義務）参照）に
違反する可能性が高いと考えられますので、これを懲戒事由とする就
業規則の条項（上記第C条第1項第1号）による懲戒処分の対象となり
得ます。

　ただし、十和田運輸事件（東京地判平13・6・5労経速1779・3）では、運
送会社の運転手が、勤務中に会社の車両を使用して、年に1、2回、配
送先から譲り受けた商品の運送（アルバイト）をしたことを理由とす
る解雇について、職務専念義務に違反し、あるいは会社との間の信頼

関係を破壊したとまでいうことはできない、として解雇を無効として
います。

(4)　企業秘密が漏洩する場合

従業員は、会社の業務上の秘密を守る義務を負っていますので（秘
密保持義務）、これに反して会社の業務上の秘密を副業（兼業）先で漏
洩する場合は、上記第Ｃ条第1項第1号（第Ａ条第2号（兼職禁止）違反）
及び第Ｃ条第2項第2号による懲戒処分の対象となり得ます。

(5)　会社の名誉や信用を損なう行為や、信頼関係を破壊する行為
　　がある場合

従業員は、会社の名誉・信用を毀損しないなど誠実に行動する義務
を負っていますので（誠実義務）、これに反して、副業や兼業により会
社の名誉や信用を損なう行為や信頼関係を破壊する行為がある場合
は、上記第Ｃ条第1項第1号（第Ａ条第2号（兼職禁止）違反）及び第Ｃ
条第2項第1号による懲戒処分の対象となり得ます。

(6)　競業により、会社の利益を害する場合

従業員は、在職中の会社と競合する業務を行わない義務を負ってい
ますので（競業避止義務。ただし憲法で保障された職業選択の自由を
侵害することはできません。）、これに反して副業や兼業による競業行
為がある場合は、上記第Ｃ条第1項第1号（第Ａ条第2号（兼職禁止）違
反）による懲戒処分の対象となり得ます。

例えば、橋元運輸事件（名古屋地判昭47・4・28判時680・88）では、会社
の管理職にある従業員が、競業他社の取締役に就任したことを理由と
する懲戒解雇について、労務の提供への支障は否定しつつも、「会社の
経営に直接関与していなかったとしても、なお被告の企業秩序をみだ
し、又はみだすおそれが大である」として、解雇を有効としています。

(7)　運用上のその他の注意

懲戒処分の対象者に対しては、規律違反の程度に応じ、過去の同種

事例における処分内容等を考慮して公正な処分を行う必要があります。裁判においては、会社の行った懲戒処分が公正とは認められない場合には、当該懲戒処分について懲戒権の濫用として無効であると判断したものもあります。

　また、就業規則に懲戒規定を設ける前にした従業員の行為に対して、遡って懲戒処分をすることや、1回の懲戒事由に該当する行為に対し複数回の懲戒処分を行うことはできません。

5　あらかじめ違約金を定めておくこと

　以上見てきたとおり、副業・兼業（の違反）はその態様がまちまちであり、合理的な損害額（違約金）をあらかじめ定めておくことは困難と思われます。また、労働基準法16条が、「使用者は、労働契約の不履行について違約金を定め、又は損害賠償額を予定する契約をしてはならない」と、違約金の定めや賠償予定を禁止している趣旨からも、副業・兼業違反の場合の違約金をあらかじめ定めておくことは控えた方がよいと考えられます。

第3章　モデル規程

246

○モデル「テレワーク勤務規程」（就業規則に委任規定を設ける場合）

　以下の内容は、テレワーク勤務規程を別に設ける場合の就業規則の委任規定及びテレワーク勤務規程のモデルを定めたものです。参考例としてご利用ください。なお、就業規則については、本書に関係する条項のみを列挙したものとなっていますので、ご注意ください。

【就業規則】　DL

就 業 規 則

　（適用範囲）（※1）
　第○条　この規則は、○○株式会社（以下「会社」という。）の従
　　業員に適用する。
　2　パートタイム従業員の就業に関する事項については、別に定
　　めるところによる。
　3　前項については、別に定める規則に定めのない事項は、この
　　規則を適用する。
　4　従業員のテレワーク勤務（在宅勤務、サテライトオフィス勤
　　務及びモバイル勤務をいう。以下同じ。）に関する事項につい
　　ては、この規則に定めるもののほか別に定めるところによる。
　（遵守事項）（※2）
　第○条　従業員は、次の事項を遵守しなければならない。
　　(1)　許可なく職務以外の目的で会社の施設、物品等を使用し
　　　ないこと。
　　(2)　職務に関連して自己の利益を図り、又は他より不当に金
　　　品を借用し、若しくは贈与を受ける等不正な行為を行わな
　　　いこと。

(3)　勤務中は職務に専念し、正当な理由なく職務場所を離れないこと。

(4)　会社の名誉や信用を損なう行為をしないこと。

(5)　在職中及び退職後においても、業務上知り得た会社、取引先等の機密を漏洩しないこと。

(6)　就業する他の従業員の生命、身体等の安全を脅かす行為をしないこと(※3)。

(7)　感染症流行期においては、別途示す行動指針に従い、感染拡大防止に努めるべく行動すること(※4)。

(8)　その他従業員としてふさわしくない行為をしないこと。

2　テレワーク勤務者(在宅勤務、サテライトオフィス勤務及びモバイル勤務に従事する者をいう。以下同じ。)の服務規律については、前項各号に定めるもののほか、別に定めるテレワーク勤務規程による。

(パワーハラスメント行為の禁止)(※5)

第○条　従業員は、次の各号に掲げるパワーハラスメント行為をしてはならない。

(1)　暴行や傷害等の身体的な攻撃を行うこと。

(2)　人格を傷つける言動等の精神的な攻撃を行うこと。

(3)　〔以下略〕

2　テレワーク勤務においては、前項各号に定めるもののほか、テレワーク勤務規程で定めるパワーハラスメント行為をしてはならない。

(労働時間及び休憩時間)(※6)

第○条　所定労働時間は、1週間については40時間、1日については8時間とする。

2　始業時刻、終業時刻及び休憩時間は次のとおりとする。

(1)　始業時刻は午前9時00分

　(2)　終業時刻は午後6時00分

　(3)　休憩時間は午前12時00分から午後1時00分まで

3　前項の規定にかかわらず、業務の都合その他やむを得ない事情により、始業時刻、終業時刻及び休憩時間の繰上げ又は繰下げを行うことがある。この場合、所属長が前日までに従業員に通知する。

4　テレワーク勤務者の労働時間及び休憩時間については、別に定めるテレワーク勤務規程による。

（所定休日）（※7）

第〇条　所定休日は、次のとおりとする。

　(1)　土曜日及び日曜日

　(2)　国民の祝日（日曜日と重なったときはその翌日）

　(3)　年末年始（12月〇日から翌年1月〇日まで）

　(4)　夏季休日（7月から9月までの間に3日間）

　(5)　その他会社が指定する日

2　業務の都合により会社が必要と認める場合は、あらかじめ前項の休日を他の日と振り替えることがある。

3　テレワーク勤務者の休日については、別に定めるテレワーク勤務規程による。

（時間外及び休日労働等）（※8）

第〇条　業務の都合により、第〇条の所定労働時間を超え、又は、第〇条の所定休日に労働させることがある。

2　〔略〕

3　テレワーク勤務者の時間外、休日及び深夜における労働については、別に定めるテレワーク勤務規程による。

（始業及び終業時刻の記録）（※9）

第〇条　従業員は、始業及び終業時にタイムカードを自ら打刻し、始業及び終業時刻を記録しなければならない。

2　前項にかかわらず、テレワーク勤務者は、テレワーク勤務規程に定める方法により、勤務の開始及び終了の報告並びに業務報告を行わなければならない。

（給与）（※10）

第〇条　賃金の構成は、次のとおりとする。

(1)　〔以下略〕

2　テレワーク勤務者の給与については、別に定めるテレワーク勤務規程による。

（就業の禁止及び報告義務）（※11）

第〇条　会社は、従業員が次の各号のいずれかに該当するときは、就業の禁止を命じることができる。

(1)　病毒伝ぱのおそれのある伝染性の疾病にかかったとき又はその疑いがあるとき。

(2)　感染症の予防及び感染症の患者に対する医療に関する法律等の法令に定める疾病にかかったとき又はその疑いがあるとき。

(3)　同居する家族その他同居する者（以下「同居人」という。）が前2号で定める疾病にかかったとき又はその疑いがあるとき。

(4)　前各号のほか、疾病により就業が不適当であると会社が判断したとき。

2　従業員は、自己又は同居人が伝染性の疾病にかかった場合又はその疑いがある場合、直ちに会社に報告しなければならない。

3　会社は、第1項の規定により休業を命じられた従業員に対し、自宅待機を命じることができる。

（副業・兼業）（※12）

第〇条　従業員は、勤務時間外において、他の会社等の業務に従

事することができる。

2　会社は、従業員からの前項の業務に従事する旨の届出に基づき、当該従業員が当該業務に従事することにより次の各号のいずれかに該当する場合には、これを禁止又は制限することができる。

　(1)　労務提供上の支障がある場合

　(2)　企業秘密が漏洩する場合

　(3)　会社の名誉や信用を損なう行為や、信頼関係を破壊する行為がある場合

【テレワーク勤務規程】　DL

テレワーク勤務規程

第1章　総　則

（テレワーク勤務制度の目的）

第1条　この規程は、○○株式会社（以下「会社」という。）の就業規則第○条に基づき、従業員がテレワーク勤務（在宅勤務、サテライトオフィス勤務及びモバイル勤務をいう。以下同じ。）をする場合の必要な事項について定めたものである。

（テレワーク勤務の定義）（※13）

第2条　在宅勤務とは、従業員の自宅、その他自宅に準じる場所（会社指定の場所に限る。）において情報通信機器を利用した業務をいう。

2　サテライトオフィス勤務とは、会社所有の所属事業場以外の会社専用施設、又は、会社が契約（指定）している他会社所有

の共用施設において情報通信機器を利用した業務をいう。

3　モバイル勤務とは、在宅勤務及びサテライトオフィス勤務以外で、かつ、社外で情報通信機器を利用した業務をいう。

第2章　テレワーク勤務の許可・利用

（テレワーク勤務の対象者）（※14）

第3条　在宅勤務の対象者は、就業規則第○条に規定する従業員であって次の各号の条件を全て満たした者とする。

(1)　在宅勤務を希望する者

(2)　自宅の執務環境、セキュリティ環境、家族の理解のいずれも適正と認められる者

(3)　業務の内容上、適正と認められる者

2　サテライトオフィス勤務及びモバイル勤務の対象者は、就業規則第○条に規定する従業員であって次の各号の条件を全て満たした者とする。

(1)　サテライトオフィス勤務又はモバイル勤務を希望する者

(2)　業務の内容上、適正と認められる者

（テレワーク勤務の申請手続）（※15）

第4条　テレワーク勤務を希望する者は、所定の許可申請書に必要事項を記入の上、1週間前までに所属長から許可を受けなければならない。

2　会社は、業務上その他の事由により、前項によるテレワーク勤務の許可を取り消すことがある。

3　第1項によりテレワーク勤務の許可を受けた者がテレワーク勤務を行う場合には、前日までに所属長へ利用を届け出なければならない。

（テレワーク勤務時の服務規律）（※16）

第5条　テレワーク勤務者は、就業規則第○条及びセキュリティ
　ガイドラインに定めるもののほか、次に定める事項を遵守しな
　ければならない。

(1)　テレワーク勤務の際に所定の手続に従って持ち出した会
　社の情報及び作成した成果物を第三者が閲覧、コピー等し
　ないよう最大の注意を払うこと。

(2)　テレワーク勤務中は業務に専念すること。

(3)　第1号に定める情報及び成果物は紛失、毀損しないように
　丁寧に取り扱い、セキュリティガイドラインに準じた確実
　な方法で保管・管理しなければならないこと。

(4)　在宅勤務者及びサテライトオフィス勤務者は、自宅又は
　会社が指定する場所以外で業務を行ってはならないこと。

(5)　モバイル勤務者は、会社が指定する場所以外で、パソコン
　を作動させたり、重要資料を見たりしてはならないこと。

(6)　モバイル勤務者は、公衆無線LANスポット等漏洩リスク
　の高いネットワークへの接続を行わないこと。

(7)　テレワーク勤務の実施に当たっては、会社情報の取扱い
　に関し、セキュリティガイドライン及び関連規程類を遵守
　すること。

（テレワーク勤務時におけるパワーハラスメント行為の禁止）（※
17)

第6条　テレワーク勤務時におけるパワーハラスメント行為は、
　就業規則第○条第2号ないし第○号について、対面で行われる
　もののほか、ウェブ会議やビジネスチャット等のオンライン上
　において行われるものも含む。

第3章　テレワーク勤務時の労働時間等

（テレワーク勤務時の労働時間）（※18）

第7条　テレワーク勤務時の労働時間については、就業規則第〇条の定めるところによる。

2　前項にかかわらず、テレワーク勤務者は、会社の承認を受けて始業時刻、終業時刻及び休憩時間の変更をすることができる。

3　前項の規定により所定労働時間が短くなる者の給与については、育児・介護休業規程第〇条に規定する勤務短縮措置時の給与の取扱いに準じる。

（休憩時間）（※19）

第8条　テレワーク勤務者の休憩時間については、就業規則第〇条の定めるところによる。

（所定休日）

第9条　テレワーク勤務者の休日については、就業規則第〇条の定めるところによる。

（時間外及び休日労働等）（※20）

第10条　テレワーク勤務者が時間外労働、休日労働及び深夜労働をする場合は所定の手続を経て所属長の許可を受けなければならない。

2　時間外、休日及び深夜の労働について必要な事項は就業規則第〇条の定めるところによる。

3　時間外、休日及び深夜の労働については、給与規程に基づき、時間外勤務手当、休日勤務手当及び深夜勤務手当を支給する。

第４章　テレワーク勤務時の報告等

（業務の開始及び終了等の報告）（※21）

第11条　在宅勤務者又はサテライトオフィス勤務者は、業務を開始及び終了するに当たり、業務開始時刻及び業務終了時刻について、次のいずれかの方法により報告しなければならない。

(1) 会社が付与したメールアドレスによる電子メールの送信

(2) 電話

(3) 勤怠管理ツールの入力

(4) 前各号のほか、会社が適当であると判断した方法

2　モバイル勤務者は、自宅から直行又は事業場外から直帰する場合は、就業規則第○条の規定にかかわらず、勤務の開始及び終了について前項各号のいずれかの方法により報告しなければならない。

3　テレワーク勤務者は、休憩を取得するに当たり、休憩開始時刻及び休憩終了時刻について、第1項各号のいずれかの方法により報告をしなければならない。

4　テレワーク勤務者は、業務時間中に私用のために業務を一時中断する場合は、事前に所属長に申し出て許可を得なくてはならない。ただし、やむを得ない事情により事前に申し出ることができなかった場合は、事後速やかに届け出なければならない。

5　前項の規定により、業務を一時中断する場合は、所属長に対し、第1項各号で定めるいずれかの方法により報告しなければならない。

（業務報告）（※22）

第12条　テレワーク勤務者は、テレワーク勤務実施後2日以内に、所属長に対し所要の業務報告をしなくてはならない。

第5章　テレワーク勤務時の給与等

（給与）（※23）

第13条　テレワーク勤務者の給与については、就業規則第○条の定めるところによる。

2　前項の規定にかかわらず、在宅勤務（在宅勤務を終日行った場合に限る。）が週に○日以上の場合の通勤手当については、毎月定額の通勤手当は支給せず、実際に通勤に要する往復運賃の実費を給与支給日に支給するものとする。

（費用の負担）（※24）

第14条　在宅勤務者が在宅勤務の際に使用する情報通信機器の通信費は、在宅勤務者の負担とする。

2　在宅勤務に伴って発生する水道光熱費は、在宅勤務者の負担とする。

3　業務に必要な郵送費、事務用品費、消耗品費その他会社が認めた費用は、会社負担とする。

4　その他の費用については、テレワーク勤務者の負担とする。

（情報通信機器・ソフトウェア等の貸与等）（※25）

第15条　会社は、テレワーク勤務者が業務に必要とするパソコン、プリンタ等の情報通信機器、ソフトウェア及びこれらに類する物を貸与する。なお、当該パソコンに会社の許可を受けずにソフトウェアをインストールしてはならない。

（携帯電話・スマートフォン・モバイルルーター等の貸与等）（※26）

第16条　会社は、モバイル勤務者が必要とする携帯電話・スマートフォン・モバイルルーター等の情報通信機器及び必要な周辺機器を貸与する。

2　前項の携帯電話・スマートフォン・モバイルルーターの利用
　料金は、会社が負担する。

（私有機器の使用）（※27）

第17条　会社は、テレワーク勤務者が所有する機器（以下「私有
　機器」という。）を使用させることができる。この場合、セキュ
　リティガイドラインを満たした場合に限るものとし、費用につ
　いては話合いの上決定するものとする。

2　テレワーク勤務者が、私有機器を業務に使用する場合には、
　所定の許可申請書に必要事項を記入の上、あらかじめ所属長か
　ら許可を受けなければならない。

第6章　教育訓練

（教育訓練）

第18条　会社は、テレワーク勤務者に対して、業務に必要な知識、
　技能を高め、資質の向上を図るため、必要な教育訓練を行う。

2　テレワーク勤務者は、会社から教育訓練を受講するよう指示
　された場合には、特段の事由がない限り指示された教育訓練を
　受けなければならない。

第7章　安全衛生及び災害補償

（安全衛生）

第19条　会社は、テレワーク勤務者の安全衛生の確保及び改善を
　図るため必要な措置を講ずる。

2　テレワーク勤務者は、安全衛生に関する法令等を守り、会社
　と協力して労働災害の防止に努めなければならない。

（災害補償）

第20条　在宅勤務者が自宅での業務中に災害に遭ったときは、就業規則第○条の定めるところによる。

附　則

（施行期日）

第1条　本規程は、令和○年○月○日より施行する。

＜就業規則及びテレワーク勤務規程に関する補注＞

（※1）　本モデルは、就業規則に委任規定を設けた上で、新たに「テレワーク勤務規程」を作成する方法を採用しています（第4項）。このほかに、テレワーク勤務に係る定めを就業規則本体に盛り込む方法も考えられます。

（※2）　テレワーク勤務時の服務規律を、テレワーク勤務規程第5条に委任する規定です（第2項）。

（※3）　感染症の拡大を防止するためにマスクの着用や消毒を義務付ける場合には、本号のような規定を定めておく方法も考えられます。ただし、就業規則に定めさえすれば済むというわけではなく、その遵守事項が適用されるべき場面なのかを状況に応じて具体的に判断することが重要となる点に注意が必要です。→［ケース34］参照

（※4）　感染症流行期の移動自粛等を求める必要がある場合には、本号のような規定を定めておく方法も考えられます。ただし、従業員の労働時間外の私生活上の行動を制限することになるため、企業秩序の維持に必要な限度を逸脱しないよう注意が必要です。→［ケース25］参照

（※5）　テレワーク勤務時のパワーハラスメントに関する規定を、テレワーク勤務規程第6条に委任する規定です（第2項）。

（※6）　テレワーク勤務時の労働時間及び休憩時間を、テレワーク勤務規程第7条、第8条に委任する規定です（第4項）。第1項、第2項の労働時

間についてフレックスタイム制又は変形労働時間制を導入する方法
や、第2項の休憩時間を全従業員一律としない制度を導入する方法も
考えられます。→［ケース15］、［ケース16］、［ケース21］参照

　また、第3項の時差通勤については、新型コロナウイルス感染症対
策のために実施することがある旨明記する方法や、従業員からの申
請により許可する方法が考えられます。→［ケース14］参照

（※7）　テレワーク勤務時の所定休日を、テレワーク勤務規程第9条に委任
する規定です（第3項）。会社の状況等を踏まえ、週休3日制を導入す
る方法も考えられます。→［ケース20］参照

（※8）　テレワーク勤務時の時間外及び休日労働等を、テレワーク勤務規
程第10条に委任する規定です（第3項）。

（※9）　テレワーク勤務の始業及び終業時刻の報告並びに業務報告を、テ
レワーク勤務規程第11条、第12条に委任する規定です（第2項）。

（※10）　テレワーク勤務者の給与を、テレワーク勤務規程第13条に委任す
る規定です（第2項）。

（※11）　本条は、新型コロナウイルスに感染した場合及び感染の疑いがあ
る場合の報告や自宅待機を命じる場合の例です。新型コロナウイル
スに感染した場合に限定して報告や自宅待機を命じる方法も考えら
れます。→［ケース35］参照

（※12）　本条は、従業員に副業や兼業を認める場合の例です。→［ケース
36］参照

　なお、許可のない副業や兼業を禁止とする方法も考えられます。
→［ケース37］参照

（※13）　本テレワーク勤務規程では、在宅勤務、サテライトオフィス勤務
及びモバイル勤務の定義を設けていますが、そのうちの一部のみを
実施する場合には、対象となる定義規定のみ設けることになります。
→［ケース1］参照

（※14）　本条は、業務内容によりテレワーク勤務の対象者を制限する場合
の例ですが、このほかに、勤続年数等により制限を設ける場合や育児、
介護、傷病等により制限を設ける場合のほか、テレワーク勤務の回数

を制限する場合が考えられます。→[ケース2]、[ケース8]参照

　また、上記のようにテレワーク勤務の対象者を制限した上で、申請に基づき会社がテレワーク勤務を許可するという方法ではなく、会社がテレワーク勤務を命じる方法も考えられます。→[ケース3]参照

(※15)　本条は、在宅勤務、サテライトオフィス勤務及びモバイル勤務全てについての申請手続を定める場合の例ですが、それぞれの勤務について個別に手続を定める方法も考えられます。→[ケース10]参照

　また、在宅勤務者が自宅以外の場所で勤務することを防止するため、違反した従業員の在宅勤務許可を取り消す方法も考えられます（第2項）。→[ケース30]参照

(※16)　本条では、就業規則及びセキュリティガイドラインにおいて定められている遵守事項のほか、テレワーク勤務において遵守すべき事項を規定しています。テレワーク勤務は会社外で業務を行うことになるため、情報管理やセキュリティのほか、職務専念義務についてもこれを遵守することを定めています。→[ケース26]、[ケース29]参照

(※17)　テレワーク勤務時においてもパワーハラスメントが行われる可能性は皆無ではないことから、他の従業員と物理的に対面することがない場所における勤務形態であるという特殊性を踏まえた規定を設けています。→[ケース27]参照

　また、テレワーク勤務者も含め、セクシュアルハラスメントを禁止する規定を設ける場合には、就業規則に委任規定を定めた上で、詳細については別途セクシュアルハラスメント防止規程を設ける方法が考えられます。→[ケース28]参照

(※18)　本条は、会社における通常勤務と同様の労働時間とする場合の例ですが、テレワーク勤務の実施に合わせてフレックスタイム制を導入する方法や、通常勤務者とは別の労働時間を設定する方法も考えられます。→[ケース15]、[ケース18]参照

(※19)　本条は、会社における通常勤務と同様の休憩時間とする場合の例ですが、休憩時間を一斉に取る制度を廃止する方法も考えられます。

→［ケース21］参照

(※20)　本条は、テレワーク勤務者による時間外、休日及び深夜の労働について許可制とする場合の例です。→［ケース19］参照

　　　　なお、会社が従業員に休日出勤を命じる場合には、手続や対応につき注意する必要があります。→［ケース22］参照

(※21)　テレワーク勤務は、会社外で業務を行うことになるため、会社が従業員の労働時間を管理し把握する方法を定めておく必要があります。→［ケース17］参照

　　　　なお、サテライトオフィス勤務者が、会社所有の所属事業場以外の会社専用施設で勤務するような場合で、従業員の労働時間管理が可能な状況であれば、本条のような特別な報告手続を設けないという方法も考えられます。

(※22)　テレワーク勤務は、会社外で業務を行うものであるため、会社が従業員の業務内容を把握するのが容易でないことから、本条のように業務報告を求める方法が考えられます。その際、テレワーク勤務を実施する都度報告を求める本条のような方法や、一定の期間ごとに報告を求める方法等が考えられますので、会社の実情に合わせて内容を検討してください。

(※23)　テレワーク勤務という理由で基本給を減額することは、不利益変更となり認められません。もっとも、在宅勤務の場合、自宅で業務を行うため会社への通勤がなくなりますから、在宅勤務の頻度に応じて通勤手当を減額する方法が考えられます。また、サテライトオフィス勤務についても、会社への通勤と比較して通勤費用が低額となる場合には、在宅勤務と同様に通勤手当を減額することを検討する余地があるでしょう。→［ケース7］参照

(※24)　本条は、在宅勤務に伴って発生する通信費や水道光熱費等の費用を従業員の負担とする場合の例ですが、このほかには、月ごとに一定額を算出して会社が負担する方法や、毎月定額を在宅勤務手当として支給する場合が考えられます。→［ケース4］、［ケース5］参照

(※25)　テレワーク勤務者が、テレワーク勤務において自己所有のパソコ

ン等を使用する場合、ウイルスに感染して会社の重要な情報が漏洩するなどの危険が生じかねないため、本条は、原則として会社がパソコン等を貸与することとしています。→［ケース6］参照

（※26）　本条は、モバイル勤務者に対し、情報通信機器や必要な周辺機器を会社が貸与し、利用料金も会社が負担することとしていますが、在宅勤務者に対しても、自宅のインターネットを使用させるのではなく、会社がモバイルルーターを貸与してそれを使用させる場合や、自宅に通信回線を持たない従業員に対し会社がモバイルルーターを貸与する場合には、本条の対象に在宅勤務者を含める方法が考えられます。→［ケース6］参照

（※27）　テレワーク勤務者が私有機器を使用する場合には、会社が情報通信機器を貸与する場合と比べ、ウイルス感染や会社の機密情報漏洩等の対策が十分でないことも考えられます。そこで、セキュリティ対策をより徹底するために、本条においては、セキュリティガイドラインを満たすことを条件とし、所定の許可申請書の提出を求めることにしています。また、費用の負担については、私有機器がテレワーク勤務者ごとに様々であることが予想されるため、特定の方法に限定せず、話合いにより決定することとしています。→［ケース6］参照

規定例等のダウンロードについて

　本書の規定例等（[DL]マークを付したもの）については、下記アドレスのWEBサイトよりデータをダウンロードいただくことができます。

　ダウンロードしたデータは圧縮ファイル（パスワード付きzip形式）となっていますので、ファイルを開く際に下記パスワードをご入力の上、展開してご利用ください。

アドレス：https://www.sn-hoki.co.jp/download_top/
パスワード：shugyokisokupt

なお、動作環境など詳しくは下記アドレスのWEBサイトをご確認ください。
アドレス：https://www.sn-hoki.co.jp/guide/

新生活様式対応
就業規則等整備・運用のポイント

令和4年2月25日　初版発行

編集　東京弁護士会
　　　法　　友　　会

発行者　新日本法規出版株式会社
代表者　星　　謙一郎

発 行 所　新日本法規出版株式会社

本　　社　(460-8455)　名古屋市中区栄1－23－20
総轄本部　　　　　　　　電話　代表　052(211)1525
東京本社　(162-8407)　東京都新宿区市谷砂土原町2－6
　　　　　　　　　　　　電話　代表　03(3269)2220
支　　社　札幌・仙台・東京・関東・名古屋・大阪・広島
　　　　　高松・福岡
ホームページ　https://www.sn-hoki.co.jp/